日本史に学ぶ

マネーの論理

IIDA YASUYUKI
飯田泰之

PHP

はじめに

ヤップ島は西太平洋上、グアムとパラオの中間に位置する陸地面積約１００㎢、人口1万人の群島である。その名を石貨の島として記憶している方も多いだろう。その形状は円形で、中央に運搬の際に丸太を通したと思われる孔《あな》を持つ。大きさは直径30㎝から3m、重さ５ｔにまでおよぶものもある世界最大の貨幣である。

ここまで大きく重い貨幣を持ち歩くことはできない。そのため、石貨そのものの移動なく取引が行われることが多かったという。路上に置かれたまま、海中に沈んだままの状態で、その「所有権」の移転によってその取引が行われるのだ。ケインズがその合理性を高く評価し、のちにも多くの経済学者が言及したことで有名になったこの取引慣行――現実の貨幣を引き渡すのではなく、その所有権のみを移転させるという取引方法は現代ではごくありふれたものだ。

ヤップ島での石貨取引を成立させていたもの、つまりはヤップ島において「石貨」がマネー（貨幣）としてふるまうことを可能にしていたものは何か。その用途が特別な取引に限定されていた点は注目に値する。

　少ない人口（日本統治時代の人口資料では３０００人程度）の中で、土地の取引や冠婚葬祭といった大口契約の件数は多くない。すると、少なくとも当事者とその周囲にとっては、「丘の麓の中くらいの大きさの石貨」が「誰の手に渡ったのか」を記憶するのは難しいことではないだろう。全ての取引の記録を知っている人がいなくとも、周囲で起きた石貨取引の記憶を各人が持ち、その部分的な取引記録（記憶）の重なり合いによって、島民たちの記憶の中に島全体の「石貨所有台帳」がつくられていく。そこに中央記録所のような管理システムは存在しない。

　今あらためてヤップ島の石貨が注目されるのは、その仕組みがビットコインに代表される電子・暗号通貨に重なる部分があるためだ。ブロックチェーン技術を利用した電子・暗号通貨の流通は、それぞれの取引（送金・受取等）が正当なものであるかを他の参加者に確認してもらうことで進められる。

　中央集権型の取引記録管理システムなしに、他の誰かの承認によって取引の正当性が確認され、その取引自体が過去取引記録としてデータ化されていくというプロセスが、人々の記憶の重なりによって貨幣としての機能を持った石貨のシステムとよく似ているというわけだ。

もっとも、この共通性をもって石貨が21世紀を先取りする進歩的な仕組みであったと評することには慎重にならねばならない。より洗練された決済システムを持っていた過去の文明・文化はいくらでもある。

注目されるべきは、石貨そのものではなく、貨幣を貨幣として存立させている論理に、時間・空間を超えた共通部分があるという点だ。そして、その共通の構造の中に、本質に迫る「マネーの論理」が含まれているのではないだろうか。この直観が、歴史上の事実から貨幣を考えるという本書執筆のひとつのきっかけである。

「貨幣としての機能」を担ってきた、または担いうる様々な商品、債券、契約の背後にある論理は何なのだろう。

本書では歴史的な事例から、この課題への考察を試みている。**歴史から経済学的な知見を導き、検証することが本書の基本方針**であり、経済学的な知見によって歴史を解釈することは意図していない。ごく単純化するならば、**本書における「歴史」は、「通常の実証分析における数量データ」の役割を担っている。**

実証分析におけるデータの役割は、その観察から⑴共通事項をくみ上げて理論モデルを作る、⑵理論・仮説の妥当性を検証する——の二つに大別される。しかし、データを計量経済学的に整理することを通じて行われる通常の実証分析には限界がある。

一部の例外を除くと、ある程度のまとまった数量データは、早いものでも19世紀、多くの分野で20世紀後半以降のものしか入手できない。

例えば、景気循環における貨幣の役割を考えるというテーマであれば、定番の計量経済学的手法の有用性は高い。戦後に限定しても、日本は十数回の景気拡大・縮小を経験しており、その統計的な性質を知ることには大きな意義があるだろう。

しかし、制度や慣習の転換を考える、または制度・慣習の根拠を探るといった場合には事情が大いに異なる。戦後の日本経済において、貨幣の価値を支えるシステムについて制度的な転換が行われたのはせいぜい1回だ。これでは統計的に依拠しうる結論を得ることはむつかしいだろう。

データ数の不足以上に根本的な問題は、制度的・慣習的存在の性質にある。

例えば、古代律令制期の銭《ぜに》（和同開珎など）と江戸期の主要銭貨である寛永通宝《かんえいつうほう》を用いて貨幣一般について考察を試みたとしよう。そのとき、両者は共通点を持ちつつも、全く異なる経緯と論理に支えられていることを忘れてはいけない。類似の状況から繰り返し生み出されるデータを用いて因果や相関を導くという手法は、同一の制度や慣習が継続する中でこそ高い有用性を持つ。

一方で、制度や慣習そのものについて考える場合、むしろ注目すべきは、事象の一回性――同じものとして繰り返されることのない歴史の性質を踏まえて展開されてきた歴史学の成果であろう。

実証分析的な共通性の活用、歴史の持つ一回性の重視という観点の双方を行き来しながらマネーの論理について考えるとき、そのフィールドとして我が国の貨幣史は実に豊富な材料を提供してくれる。日本において、東アジアで最初の銀貨が流通したこと、中国に次いで政府が公的に鋳造する貨幣（銭）が作られたこと。古代に限定しても、日本における貨幣の足跡は、それがいつ民間によって受け入れられて流通貨幣となるのか（ならないか）を考える貴重な材料を提供してくれる。

本書で主に議論の対象とする時代区分は、7世紀（古代律令制期）から19世紀（江戸期）である。近代の事例は対象としていない。その理由のひとつが、貨幣そのものの存在について考えるにあたっては、貨幣という存在を誰も知らない社会、かつて貨幣と認識されていたものがその地位を失う状況を掘り下げる必要性があると感じられるためだ。

このような状況は近代以降では観察されない。ハイパーインフレ下においても商品の価値は貨幣単位で表示され、時には外国通貨（例えば米ドルなど）が事実上の通貨として用いられる。つまりは「貨幣として用いられる何か」がなくなることはない。

近現代の貨幣が国際的な取り決めや、海外経済の動向と切り離せないこともまた、前近代に注目する理由である。明治から1970年代までの日本の貨幣システムは、一時期を除いて、欧米を中心とした国際的な貨幣システムの中にあった。金本位制に代表される固定相場制下では、貨幣制度はもとより、金融政策を一国の事情のみで変化させることはできない。例えば、戦後の日本円の価値の根拠は「360円をもって1ドルと交換できる」ことに求められ、国内の金融政策は中央銀行が保有するドル準備に制約される。

近年では、近世以前の経済についてもその国際取引や国際秩序との関連を探究する研究が盛んである。しかし、相対的には独自性の高い金融政策や貨幣制度を持った前近代を本書のフィールドとすることには、一定の合理性があるだろう。

古代（第1章）、中世（第3章）、近世（第4章）を通じて、本書が特に注目しているのが**負債としての貨幣という性質**である。

現代におけるマネーは現金と預金通貨に大別される。このうち、私たちが資産として保有する銀行預金とは銀行にとっての負債である。この負債の価値の法的裏付けに、各銀行は日本銀行に保有する口座に預金（日銀当座預金）を持たなくてはいけない。これらの銀行の日銀預金は各銀行にとっての資産であり、広義の政府にとっての負債である。そして、現金もまた、政府の負債としての性質を持っている。古代と近世に日本国内で流通していたマネーは政府の負債としての性格を持っている。貨幣が政府負債としての性格を有するとき、貨幣価値にとって政権の安定性や経済政策は決定的な影響力をもつことになることは容易に理解できるだろう。

また、逆説的ではあるが、「負債としての貨幣」への注目は「負債としての性格を有さない貨幣」を考えるうえで示唆的である。銭貨が登場する以前、また平安後期においては、取引の決済に稲・絹・麻布といった商品が用いられていた。これらの商品が誰かの負債ではないことは言うを待たない。さらに、中世の銭貨は誰かの負債ではない上に、商品としての価値さえも有さなかったと考えられる。現代であれば、分権的に管理される電子・暗号通貨は誰の負債でもなく、そして当然ながら商品としての価値も持たない。主要なマネーが政府負債ではない状況で、経済はどのように運営されるのだろう。

近年の経済論壇においては、政府負債としての貨幣と政府のコントロール外にある貨幣という対照的なマネーのあり方がともに注目を集めている。前者の議論にしたがうならば、政府が自国通貨（日本であれば日本円）単位で負債を発行することができ、自身で発行することができる（例えば印刷することができる）自国通貨で負債を返済できることは、財政運営上きわめて重要な価値を持つということになろう。一方で、物価や実体経済に大きな影響を与えるマネーのふるまいを国家・政府という主体に独占させることの問題点を重視するならば、政府負債ではない、さらには商品でさえない電子・暗号通貨こそが期待されるマネーの将来像となるわけだ。

日本におけるマネーはこのいずれの方向に向かうのか、または向かうべきなのか。新しい時代を迎えた今、遠い昔を振り返りつつ、令和時代の貨幣論を考える意味は小さくないと考える。

もっとも、このような大上段の貨幣論を離れても、貨幣の歴史は知的好奇心を刺激してくれる面白い話題である。海外の制度と比較しても独自性の高い日本のマネーの歴史――一見奇妙であり、それでいてどこか先進的な存在を知ることを通じて、間接的に得られるものも少なくないのではないだろうか。

貨幣とは、貨幣の未来とは何かというテーマにとどまらず、現代とは異なる貨幣のシステムを楽しむ――そんな動機を持って本編に進んでいただければ幸いである。

日本史に学ぶマネーの論理　目次

第2章 貨幣の基礎理論を知る
——マネーは商品か国債か

第3章 信頼できる債務者を求めて
――貯蓄への渇望が銭を求めた

装　丁　水戸部功
装丁写真　日本銀行貨幣博物館所蔵
本文デザイン　平山みな美
図版制作　ウエイド

第1章

国家にとって「貨幣」とは何か

——律令国家が目指した貨幣発行権

	日本	中国・朝鮮
7世紀	630年　第1回遣唐使派遣 645年　大化の改新はじまる 663年　白村江の戦い 672年　壬申の乱・飛鳥京に遷都 694年　藤原京に遷都	618年　李淵が隋を滅ぼし、唐を建国 626－649年　貞観の治 668年　唐・新羅が高句麗を滅ぼす 690年　則天武后が皇帝となる
8世紀	708年　和同開珎の鋳造始まる 710年　平城京に遷都 743年　墾田永年私財法 752年　東大寺大仏開眼供養 794年　平安京に遷都	712年　玄宗皇帝が即位（開元の治） 713年　渤海の建国 751年　タラス河畔で唐がイスラム軍に敗れる 763年　安禄山・史思明の乱平定
9世紀	802年　坂上田村麻呂が胆沢城を築く 858年　藤原良房が事実上の摂政になる 866年　応天門の変 884年　藤原基経が関白になる 894年　遣唐使の廃止	820年　皇帝憲宗が宦官に暗殺される 860年頃～　唐で大規模反乱続く 880年　黄巣が長安を占領（黄巣の乱） 884年　黄巣の乱鎮圧・朱全忠節度使になる
10世紀	905年　古今和歌集の成立 935年　平将門の乱・藤原純友の乱（～41年） 995年　藤原道長右大臣になる	907年　朱全忠が唐を滅ぼす（五代十国時代） 935年　高麗が新羅を併合 960年　宋の建国

古代の貨幣と言われて思い出すのは何だろう。和同開珎だろうか、それともそれに続く皇朝十二銭《こうちょうじゅうにせん》だろうか。近年の教科書では、本章のテーマのひとつである富本銭《ふほんせん》がとりあげられることも多い。

本書は貨幣とは何か、これからの貨幣はどこに向かうのかを歴史的事例を通じて考えることを目標にしている。しかし、本章では貨幣に関する経済理論よりもむしろ、歴史的な事実そのものに着目したい。日本における初期貨幣史には「貨幣とは何か」、そして「政府負債としての貨幣」という、本書のテーマが凝縮されているからだ。

日本における貨幣誕生前史を語るにあたって、外せない事件がある。それは663年（中大兄《なかのおおえ》称制二年）の白村江《はくそんこう》の戦いだ。

百済《ひゃくさい》国滅亡（660年）後の復興運動において、唐・新羅《しんら》連合軍と倭国・百済残存勢力連合軍の間で戦われた戦役の最終局面が白村江の戦いである。その軍容は倭国軍4万強・百済5000と伝えられており、主力はむしろ倭国軍であった。

この人数は当時の倭国の動員能力の限界に近い。倭国は6世紀までは南部の任那《にんな》・加羅《から》を通じて朝鮮半島に影響力を有していたが、7世紀になると新羅の勢力拡大により半島への足がかりを失っていた。長年にわたる友好国の復興運動を契機に失地回復を目指した同戦役は当時の倭国にとって最大限の資源を割くべき重要作戦だったようだ。その主導者について、専門家の意見は一致を見ていない。出兵途中の九州で斉明《さいめい》天皇（在位642年～645年〈皇極《こうぎょく》天皇として〉、655年～661年）が急死するなど未解明な点の多い大規模作戦だ。

古代史の謎はさておき、ここで注目したいのは、白村江における「負け方」である。

――**『日本書紀』663年（中大兄称制二年）8月**

二十八日、日本の諸将と百済の王とは、そのときの戦況をよく見極めないで、共に語って「われらが先を争って攻めれば、敵はおのずから退くだろう」といった。さらに日本軍は隊伍の乱れた中軍の兵を率い、進んで大唐軍の堅陣を攻めた。すると大唐軍は左右から船をはさんで攻撃した。たちまち日本軍は破れた。水中に落ちて溺死する者が多かった。船のへさきをめぐらすこともできなかった。朴市田来津《えちのたくつ》は天を仰いで決死を誓い、歯を食いしばって怒り、敵数十人を殺したがついに戦死した。

（以下、『日本書紀』『続日本紀《しょくにほんぎ》』からの引用部は宇治谷孟《うじたにつとむ》訳を元に一部を改めている）

要約すると――作戦らしい作戦もなく、勢い任せでバラバラに唐軍に突撃したら、またたくまに壊滅したということになろう。ちなみに溺死が多かった理由は、唐側の史料(『旧唐書《くとうじょ》』劉仁軌伝《りゅうじんき》)によると、船に火をかけられ、海中に身を投じた者が多かったからのようだ。

正史(公的な歴史の記録)である『日本書紀』の記述は淡々と事実を羅列した部分が多い。そのなかで、白村江の戦い関連の記述には編者の感情がこもっているように感じる。敵を侮り、拙い作戦によって大量の戦死者を出したことへの怒り。最後の抵抗を見せた勇将への哀悼――『日本書紀』の編纂は天武天皇(在位673年~686年)の命で始まった。編纂時にはまだ白村江の敗戦から辛くも帰国を果たした将兵から直接状況が伝わっていたであろう。門外漢としての感想であるが、彼らの怒りや思いが編者に伝わったのではないだろうか。

なぜ倭国軍は敗れたのか。同時期の倭国軍は、豪族の手勢の寄せ集めに過ぎなかった。軍としての組織的な編成はなく、その結果、勢い任せで突撃する以外の作戦を採りようがなかったのではないか。ましてや日頃の教練や相互の連絡が重要な水軍での作戦行動だ。これでは、整備された命令系統を持ち、十分な訓練を経た唐軍に敵《かな》うはずがない。

少し時代を下った奈良期(710年~794年)に、日本の人口は、450万人から650万人程度と推計されている。仮に白村江の戦い時点での人口が500万人であったとすると、人口の1％近い——現代で言うならば100万人動員の大作戦である。これだけの大軍が壊滅したインパクトは大きい。危機の倭国はこの後、統治システムの抜本的な改革を迫られる。その目指したものが中央集権国家の樹立である。論点を先取りすると、**広範囲に及ぶ安定的な統治があるとき、政府発行の貨幣は貨幣としての役割を十全に果たすことができる。**その成否はさておき、律令制に基づく集権国家を指向した当時の政権が、我が国初の貨幣発行を行うことになったのはごく自然なことと言える。

なお、ここまでの記述で「倭国」という表現と「日本」という表現を混在させているのには理由がある。「日本」という国号自体が白村江の戦い以降の集権国家建設の中で定められたものだからだ。早ければ671年（天智天皇十年）頃、遅くとも701年（大宝元年）までに「倭国」は「日本」になった。天皇という呼称が公式に用いられ、継続的な元号の使用が始まったのもこの時期である。**白村江の敗戦はまさに「日本」のはじまりだった。**

豪族の寄せ集めではない、統一された秩序ある国家。その建設には整備された統治ルール（律令）が必要だ。そしてルールに豪族を従わせるためには、王権（天皇）は他の豪族を圧倒する権威を持ち、その権威を維持するに足る軍事・経済力を維持しなければならない。政権の経済力を高めるために必要なものは何だろう。中央集権国家確立にむけての労苦の中で、日本における貨幣は生まれることになる。

1 はじまりの貨幣

近年の精力的な研究によって、日本の初期貨幣史は大幅に書き換えられ、そして今も書き換えられ続けている。30代以上の読者にとって、教科書に登場する最初の貨幣と言えば和同開珎だろう。

なお、和同開珎の読み方には「珎」を「寳(宝)」の略字と考えて「かいほう」とする説と「珍」の異字体であるとして「かいちん」と読む説がある。現在では「わどうかいちん」とする論文・書籍が多いが、本書の主要なテーマと関わりがないためこだわらず先に進みたい。

日本最古の貨幣

708年(慶雲《けいうん》五年)に武蔵国秩父郡《むさしのくにちちぶ》(現在の埼玉県秩父市)から純度が高い自然銅が産出され、それを記念して元号を和銅にあらため、同年日本最初の貨幣である和同開珎が発行された――これが1980年代に筆者が小・中学校で習った貨幣のはじまりである。
しかし、708年を日本における最初の貨幣発行と考えると非常に困ったことになる。『日本書紀』の中には以下の記録がある。

683年（天武天皇十二年）
4月15日　詔《みことのり》して「今後は必ず銅銭を用いよ、銀銭を用いてはならぬ」と言われた
4月18日　詔して「銀を使用することはやめなくても良い」と言われた
694年（持統天皇八年）
3月2日　（天皇は大宅朝臣麻呂《おおやけのあそんまろ》らを）鋳銭司《ぜにのつかさ》に任じられた

683年に銀銭の使用が禁止されたということは、それ以前になんらかの「銀銭」が存在したはずだ。さらに、銀銭ではなく「銅銭を用いよ」と言うからには同時期に銅銭が存在したか、新たに作られることになったと解釈しなければつじつまが合わないだろう。694年には銭の鋳造責任者の任命が記されている。
禁じられた銀銭は、今日では、「無文銀銭《むもんぎんせん》」と考えられている。無文銀銭は、直径約3㎝、厚さ2㎜、重さ10ｇほどの円形の銭である。10ｇという重さは当時の重量単位である両

（約42g）の約4分の1にあたる。表面にごく小さな銀片を貼り付けて重さを調整してあるものが存在することから、重量が重要な意味を持っていたことがわかる。無文銀銭は4枚で1両の重さになる銀のコインというわけだ。

無文銀銭の存在自体は江戸時代から知られていた。しかし、その作製年時は不明で、戦国期や江戸初期に作られたという説さえあったという。ところが、1940年に滋賀県大津市の崇福寺《すうふくじ》跡（668年建立）で、建立時点かそれに近い時期に造られた建造物の基礎部分より出土した。ここから、無文銀銭は7世紀には存在したことが明らかになったわけだ。

●貨幣に関する用語整理

ここで少しだけ用語を補っておきたい。経済学では、

取引決済機能：交換・取引の支払い手段として用いることができる
価値保蔵機能：資産として保有・保存することができる
価値尺度機能：他のものの価値を表す基準・尺度になる

を持つものを貨幣と呼んでいる。そのため、現代の統計においては現金だけではなく、公共料金等の引き落としや振り込みに用いることができる預金（残高）をあわせて貨幣としている。

また、本書のように前近代社会における貨幣を考えるにあたっては、その形状・形態による分類を知っておいた方がよいだろう。貨幣、なかでも金属でできた貨幣は二つに分類される。

秤量《ひょうりょう》貨幣：重さを計って取引に用いられる
計数貨幣：一定の形式で整えられ、個数・枚数を基準に取引に用いられる

明治以降の日本における貨幣は全て計数貨幣であるが、江戸時代までは銀の重さを基準にした秤量貨幣も流通していた（第4章）。

なお、7世紀当時の中国・朝鮮半島には数百gから1kg以上の一定量に整えられた銀塊はあったが、無文銀銭のような小さな銀貨・コインは存在しなかった。銀塊では額が多すぎて取引の仲介手段として用いることはむつかしく、貨幣と呼ぶことはできないだろう。**無文銀銭は当時のアジアで唯一の銀の貨幣、しかも計数貨幣であった。中国の模倣ではな**

い独自のシステムから日本の貨幣史ははじまる。

ただし、この無文銀銭を「我が国が初めて鋳造した貨幣」と言い切るには少々抵抗がある。無文銀銭の発行者はわかっていない。当時朝鮮半島や唐との取引には銀が用いられており、都の周辺でも渡来人の間で銀を用いた経済活動が行われていた。このことから、無文銀銭は銀地金《ぎんじがね》（銀そのもの）を取り扱いやすく、一定の重量に整えたものに過ぎないとも解釈できる。

物々交換中心経済の中で、多くの人にとって価値あるものとして認識されている「銀という商品」が次第に貨幣としての役割を果たすようになっていき、貨幣として用いる際の利便性のために形・重さを統一したもの——このように無文銀銭をとらえるならば、政権が主導して作製したのか、貿易商や渡来人によって作られたのかは経済的には重要ではない。誰が製作していたとしても、銀10ｇの価値は銀10ｇである。

なお、貨幣の金属、つまりは商品としての価値と実際に流通する際の価値を比べることで、以下のような分類を行うこともある。

商品貨幣：原材料価値と貨幣の価値が（ほぼ）等しい貨幣

名目貨幣：原材料価値を上回る価値を持って流通する貨幣

名目貨幣を発行し、それが民間経済に受け入れられるようになると、政府は貨幣発行から利益を得ることができるようになる。これを貨幣発行益（シニョリッジ）と言う。ここまでの分類方法をもちいると、無文銀銭は発行者不明の計数・商品貨幣ということになろう。ちなみに、金本位制時代の主要国の金貨、明治時代に発行された金貨なども計数・商品貨幣と分類できる。

◉古代貨幣の謎——富本銭の発見

なお、無文銀銭は寺院跡より発見される例が多いことから、商取引用ではなく、縁起物やお守りの一種であったという説もある。このような用途の銭は厭勝銭《えんしょうせん》と呼ばれる。現代でも地鎮祭や納棺の際に寛永通宝《かんえいつうほう》や永楽通宝《えいらく》やそのレプリカが用いられることがある。これも現代の厭勝銭と言えるだろう。

また江戸時代には絵銭《えぜに》と呼ばれるお守りや鑑賞向けのコインが流行した。これも広い意味での厭勝銭と言えるかもしれない。現代の記念コインのようなものである。七福神や仏像、かわいい動物のキャラクターなど多様な絵銭が今も残るので興味がある方は調べてみると面白いだろう。無文銀銭は重量の統一が図られていることや木簡《もっかん》の取引資料から、厭勝銭としてのみ使われたと考えるのは難しい。

発掘地の建立年代から、無文銀銭は668年頃にはすでに使用され始めていたことがわかるが、この時点では日本に銀山はない。『日本書紀』にしたがうと、日本での初めての銀鉱発見は674年（天武天皇三年）である。ごく小規模な銀の産出はあったかもしれないが、それでは商慣習としても縁起物としても実際に使用されるためには量的に不十分であろう。

無文銀銭の原材料は新羅からもたらされたと考えられている。日本における貨幣のはじまり――そのきっかけが海外銀にあったという点は、本書の第4章まで記憶にとどめておいていただきたい。

無文銀銭（写真提供／奈良文化財研究所）

では無文銀銭にかわって用いられた銅銭とはなにか。これは長きにわたる古代貨幣史の謎であった。その謎に答えを与えたのが、1998年から行われた飛鳥池《あすかいけ》遺跡（奈良県明日香村、飛鳥浄御《きよみ》原宮《はらのみや》跡・飛鳥寺などに近い）の発掘調査である。

大量の貨幣鋳造設備と作製途中の銭――富本銭が発見されたこと、それが年代特定を可能にする様々な遺物と同時に発掘されたことによって、和同開珎の鋳造開始年である708年よりかなり以前に、公的に貨幣が鋳造されていたことが明らかになった。

●無文銀銭から富本銭へ

無文銀銭同様に、富本銭の存在そのものは江戸時代から知られていた。江戸時代の銭貨コレクター向けの書籍でも紹介されており、その凜《りん》としたデザインからか、偽物が大量に出回るほどの人気があったという。

富本銭の発掘を主導した奈良国立文化財研究所（当時）の松村恵司によると、1985年に平城京跡の井戸の底から富本銭が発見された際、日本銀行貨幣博物館に問い合わせたところ——「それは『富本銭』と呼ばれる江戸時代の絵銭で、奈良時代の井戸に江戸時代の絵銭が混入したのだろう」と返答されたそうだ。あまりにも江戸時代の偽物が多すぎて、いつのまにか富本銭と言えば、江戸時代に作られたコレクター向けの絵銭だという理解が一般的になってしまっていたのだ。

富本銭の出土例は1990年代以降増加するが、672年まで都があった大津やその周辺での発掘例はない。一方で、飛鳥に鋳造施設があったことから富本銭が初めて鋳造されたのは、飛鳥浄御原に都があった672年から694年の間となる。ここで再び、

６８３年（天武天皇十二年）

４月15日　詔して「今後は必ず銅銭を用いよ、銀銭を用いてはならぬ」と言われた

４月18日　詔して「銀を使用することはやめなくても良い」と言われた

に戻ろう。年代をつきあわせると、６８３年またはその少し前に富本銭の鋳造が始まり、６８３年に天武天皇は無文銀銭にかわって富本銭の使用を命じたことがわかる。

富本銭発行の動機のひとつは、財政収入の確保にあったと考えられている。我が国の貨幣史はその当初から財政と密接に関係する事業だった。

富本銭（写真提供／奈良文化財研究所）

天武天皇は、多くの都城・宮室などを造営した作事好きの天皇である。６７６年（天武天皇五年）には新たな都城の造営に着手したが、この計画はすぐに頓挫した。しかし、６年後の６８２年（天武天皇十一年）には造営が再開され、天武天皇自身の行幸が行われている。その翌年に件《くだん》の銭に関する詔が出されており、同年には一種の副都としての難波京の造営が決定され

ている点にも注目したい。

このように、銭に関する記録の多くが都の造営事業に関する記述と前後する形で史料に登場している。ここから、両者には密接な関係があると類推される。つまりは、**都城の造営には巨額の費用が必要であり、その費用の捻出のために貨幣が発行された**というわけだ。

想像の翼を伸ばすと、676年には財源の不足から造営の中断に追い込まれ、財源確保の方法としての富本銭発行プロジェクトが考案されたのではないだろうか。

ちなみに、684年（天武天皇十三年）と翌年にかけては信濃国《しなののくに》の調査を行い、行宮《あんぐう》（一時滞在用の宮殿）の造営を命じている。主に畿内《きない》で発掘される富本銭がその信濃で出土していることも当時の造営事業と富本銭のつながりを感じさせる。古墳の副葬品としての出土だが、現地の豪族への褒美などに富本銭を用いたとも考えられるからだ。

ちなみに、『日本書紀』では信濃に行宮を建てたのは温泉（浅間温泉か？）滞在のためだったとしている。崩御の前年にあたるため、すでに体調にすぐれないところがあったのであろうか。

天武天皇は浅間温泉で湯治をすることもなく、新たな都の完成を目にすることもなく崩御する。新都造営という大プロジェクトは皇后である持統天皇に受け継がれた。藤原京遷都の九カ月前に貨幣鋳造の責任者（鋳銭司）の任命が行われていることも、富本銭の鋳造が都の造営費捻出を大きな目的としていたことの証左になるだろう。

なお、藤原京（694年〜710年）は我が国初の碁盤の目状で左右対称の都市プランに基づいて造営された都である。都城建設とあわせて、東アジアでは唐でしか行われていなかった鋳造貨幣を発行することで日本の先進性を内外に示すことを目指したという側面もあろう。

貨幣発行によって財政収入を得るためには、発行した貨幣がその製造コストを上回る価値で流通しなければならない。費用20円で製作した紙幣で政府が1万円分の商品・サービスを購入することができるからこそ、貨幣発行は財政上の利益をもたらす。

新たに発行した富本銭をその金属としての価値以上の価値を持った名目貨幣として社会に受け入れさせる――つまりは流通させるためには何が必要だろう。当時の政権が考えた方策が、それ以前から流通していた無文銀銭での取引を禁じることである。無文銀銭で取引ができないのだから富本銭を使うしかなくなると考えたのだ。

◎富本銭プロジェクトの限界

無文銀銭から富本銭への移行が想定通りに進んだとは考えづらい。富本銭を貨幣として流通させるためには、すでに商人や貴族が所有している無文銀銭と交換されなければならない。そのために、突然、これまで使用していた銀銭の禁止を命じたわけだが、その実効性は疑わしい。

商品自体としても価値のある無文銀銭を使わずに、見慣れない銅銭を使えと言われてもその命に従う者がどれだけいただろうか。むしろ混乱を招くばかりであったのではないだろうか。そのため、銀銭禁止のわずか３日後に、銀での取引を認めている。この詔が、無文銀銭での取引禁止の撤回なのか、銀銭は認めないが、銀地金ならば用いてもよいという意味なのか議論は残る。しかし、無文銀銭にかえて富本銭を流通通貨とするという試みは、そのままの形では、成功しなかったことは確かなようだ。

無文銀銭禁止による転換に失敗した結果、富本銭はその後どのように扱われていったのだろう。

６９４年（持統天皇八年）には鋳銭司が任命されており、６９９年（文武《もんむ》天皇三年）にも同様の記載がある。全く財政収入を得ることができない銭を鋳造し続けたとは考えにくい。さらに、７０１年（大宝元年）に完成した大宝律令にも私鋳《しちゅう》（銭の偽造）に対する罰則規定がある。

これは、富本銭が贋金《にせがね》づくりを誘発するだけの価値ある資産であったこと、その銅としての価値そのものよりも高い価値を持つ資産として認識されていたと考えるひとつの根拠ともなり得るだろう。

ただし、和同開珎が発行される以前の行政や取引記録には銭はほとんど登場しない。また、和同開珎発行時に富本銭との交換比率に関する記録がないことなどから、それが流通貨幣として機能していたかどうかには大いに疑問がある。

貨幣の3つの機能（取引決済・価値保蔵・価値尺度）のうちの一部のみを担っていたという可能性はあるが、今日想像するような貨幣とはかなり異なる存在だったと言ってよいだろう。仮に流通したとしても、ごく限定的な地域・用途のみに用いられたにとどまると考えられる。

富本銭が取引にはそれほど用いられず、その一方で金属としての価値を上回る価値を有していた——富本銭は貨幣と呼ぶことはむつかしいが、それなりに価値のあるものであったと考えると、その経済的な位置づけについてひとつの仮説が導かれる。富本銭は（政府が発行する）資産であったという仮説だ。現代の経済において「政府が発行し、民間が保有する資産」と言えば、その代表は国債である。

政府による資産の発行、なかでも素材価値を超える価値の資産という点に注目すると、貨幣と国債には大きな類似点があることがわかる。貨幣と国債は地続きな存在であり、両者の共通点と相違点は後章で重要なテーマとなる。

現在のところ、富本銭がどの程度発行され、どれだけの財政収入をもたらしたのかを知るすべはない。しかしその成功の度合いはさておき、**製造費を上回る価値をもって流通させることを「目指した」貨幣の日本史は富本銭からはじまる。**

そして、富本銭の発行が当初の目論見《もくろみ》通りにはいかなかったこと――それが、私たちにとってよりなじみのある和同開珎発行につながった。富本銭発行の失敗から学ぶことで、我が国初の本格的な流通貨幣となる和同開珎発行計画が始まる。

2 本格的名目貨幣としての和同開珎

藤原京をはじめとする造営事業の財源を得るために富本銭は発行された。しかし、富本銭は当初の目論見通りの財政収入を得ることはできなかったようだ。

しかし、政権は製造原価を上回る価値を持つ貨幣の発行をあきらめたわけではない。707年（慶雲四年）頃から藤原京からのちに平城京と呼ばれる奈良への遷都が審議されるようになると、再び財政収入を求めた貨幣発行プロジェクトが動き始める。慶雲年間は天候不順が続いたことで税収が減少していたとの研究もあり、財源の確保は喫緊の課題であったようだ。低迷する税収と遷都という大プロジェクトにむけて企画された大事業が和同開珎発行だ。

●プロモーション戦略と改元

和同開珎は当初は銀銭（和同開珎銀銭）、続いて銅銭（和同開珎銅銭）が発行された。しかし、銀銭の発行は1年程度で停止され、その後は銅銭のみが鋳造され続けた。まずは、和同開珎発行を巡る時系列を整理しておこう。

708年（和銅元年）
1月11日　武蔵国秩父郡が銅を献上。和銅に改元。
5月11日　和同開珎（銀銭）発行
8月10日　和同開珎（銅銭）発行
709年（和銅二年）
1月25日　私鋳（銭の偽造）禁止と罰則の強化
3月27日　銀銭の使用制限と銅銭の使用奨励

8月2日　銀銭の廃止（発行停止）
710年（和銅三年）
3月10日　平城京遷都
9月18日　銀銭の使用禁止令

なぜ銀銭は発行後すぐに発行停止になったのか。ひとつの解釈が、和同開珎「銀銭」は発行の当初から和同開珎「銅銭」を本格的に流通させるための「つなぎ」として計画されたというものだ。

すでに流通している商品貨幣である無文銀銭から名目貨幣である富本銭への切り替えの試みは十分には成功しなかった。**すでに流通している商品貨幣に代えて、材質もデザインも全く異なる名目貨幣に切り替えるのは飛躍が過ぎた**というわけだ。

そこで考案されたのが、ひとまずは無文銀銭に代えて同じ銀で作られた和同開珎銀銭を発行し、それがある程度の成功を収めた後に同じデザインの和同開珎銅銭を発行するという手法だ。つまりは、二段がまえで財政収入が得られる名目貨幣への移行を果たそうとしたわけだ。

ここで、秩父郡からの銅の献上と改元に関する記述から引用しよう。

——『続日本紀』708年（和銅元年）正月11日

……この物（銅）は天におられる神と地におられる神とが、ともに政治をめでられ祝福されたことによって、現れ出た宝であるらしいと、神として思う。そこで天地の神が現わされた瑞宝により、御代の年号を新しく換える。

地方からの献上品や様々な瑞祥《ずいしょう》を改元の理由として挙げるのは、当時のごく一般的な慣例と言ってよい。しかし、その前後の改元に比べ、和銅改元の理由づけは少々大げさすぎるように感じる。

国内で銅が採掘され、献上されるのはこれが初めてのことではない。さらに、その10年以上前に銅を献上している因幡国《いなばのくに》・周防国《すおうのくに》の銅山にくらべて、秩父は非常に小規模な銅山に過ぎない。のちに発行される和同開珎銅銭の材料としても秩父の銅は用いられていないようだ。

確かに、和銅（純度の高い自然銅、熟銅《ニギアカガネ》）の献上はそれ以前の記録にはないが、銅山から熟銅が発見されるのはそこまで特別のことではない。これまでも採掘されている銅の小さな鉱山が発見されたことが、国家的な慶事と呼べるほどの大事件であったのかは大いに疑問である。

和銅の献上から和同開珎発行までの期間が極めて短い点にも注目が必要だ。貨幣発行は事前に準備されていたものだったと考えるのが自然だろう。むしろ、発行時期に合わせて銅を献上させ、それが特別な慶事であるかのように取り扱い、改元を行うことでさらに民衆に印象づけるというプロモーション戦略だったのではないだろうか。

一連の流れが戦略上の創作であったならば、（より価値のある銀の献上ではなく）銅の献上を大事件として取り上げた理由も理解できる。**最終目標である和同開珎銅銭の価値を高めるために、銅の社会的地位を高めることも同時に目的としていた**と考えられるからだ。

●「つなぎ」としての和同開珎銀銭

まずは銅銭に向けての「つなぎ」としての和同開珎銀銭について考えよう。

発掘されている和同開珎銀銭の重量にはかなりのばらつきがあるが、6g程度の規格で作られていたと考えられる。これは無文銀銭の3分の2以下の重さだ。にもかかわらず、無文銀銭から和同開珎銀銭への移行にあたって、その公的な交換比率は1：1であったと考えられている。ここから和同開珎銀銭は貨幣発行益を得ることのできる名目貨幣であったことがわかる。

和同開珎銀銭

和同開珎銅銭

（ともに日本銀行貨幣博物館所蔵）

政府の力で6gの銀貨（和同開珎）に10gの銀貨（無文銀銭）と同じ価値が与えられたことで必然的に生じるのが私鋳である。無文銀銭2枚を鋳つぶせば和同開珎銀銭を3枚以上鋳造できる、つまりは3割ほどの儲《もう》けが得られる。これを「姦盗《かんとう》（悪党・盗賊）」が見逃す道理はない。発行の翌年には厳罰化と通報を怠った者への罰則の設定をもって対応しようとしている。

一方で、私鋳の横行は和同開珎銀銭がその金属価値を上回って流通したことの証拠にもなる。和同開珎が実際に貨幣として機能するからこそ私鋳を行うインセンティブがあるからだ。**和同開珎プロジェクトの第1弾「1枚発行するごとに3割強の貨幣発行益を得られる名目貨幣の発行」はそれなりの成功を収めた**と評価できるだろう。

しかし、無文銀銭から和同開珎銀銭への移行はプロジェクトの準備段階に過ぎない。真の目的はより金属価値の低い銅銭への本格移行である。銀銭発行から2カ月後の708年(和銅元年)7月には銅銭の鋳造が始まり、翌月には発行されている。ここで問題になるのが銀銭・銅銭の交換比率だ。しかし、最も重要なはずの交換比率について直接的な記録は存在していない。

最も大胆な仮説は、両者の交換比率は当初1:1に定められたと考える今村啓爾の「等価公定流通の目論見失敗説」である。短期間に全く同じ大きさ・体積・デザインで発行されたこと、その交換比率が明示されていないことは何を意味するのだろう。これは同一デザインの2種類の銭についてその交換比を示す必要がなかったことを意味するのではないだろうか。

初期に鋳造された銅銭の重量は5g前後(のちに軽量化)である。同説にしたがうならば、和同開珎発行プロジェクトは銅5gに銀10g(無文銀銭の重量であり、当時の単位で約4分の1両にあたる)の価値を付与しようとする極めて大胆なプロジェクトであったということになる。その試みは後にみるように成功しなかったことから「目論見失敗説」というわけだ。

ただし、同説には批判的な研究も多い。藤原京跡から発掘された木簡の解釈次第であるが、和同開珎銀銭1枚=和同開珎銅銭10枚で交換されたとの説が有力である。この1:10という交換比は後に続く皇朝十二銭の発行に際し、新銭1=旧銭10の交換比が適用されたことなどとも親和的だ。

もっとも、1：10説にしたがっても銅銭発行の意義は変わらない。少し後の時代のデータだが、奈良期の銀・銅の金属としての価値は銀1＝銅25程度である。言い換えると銅1kgと銀40gほどが金属価値としては等価であったわけだ。

一方で、概算すると無文銀銭（銀10g）＝和同開珎銀銭（銀6g）＝和同開珎銅銭10枚（銅50g）という交換比率は重量比では銀1：銅5という交換比率にあたる。言い換えると、銅1kg＝銀200gである。ここから銀銭・銅銭1：10説にしたがっても、和同開珎プロジェクトは銅銭に金属価値の5倍もの価値を付与することを目指した政策であったということになる。

政府が命じただけで銅銭が金属としての価値の5倍（等価交換説にしたがうならば50倍）の価値で流通するようになるとは考えられない。その後の政府は、一部貨幣的な機能を担っていた布の使用を制限するなど、矢継ぎ早に銭の価値に裏付けを与える政策を行っていく。

その中でも有名なものが711年（和銅四年）の蓄《ちく》銭《せん》叙《じょ》位《い》令《れい》だろう。中級の貴族である従《じゅ》六位以下で銭10貫（銭1万枚）を蓄財した者には位階を一つ上昇させるなどの規定が加えられている。**位階という実益、なかでも国家権力によって与えられる便益を貨幣の基礎**

に置くという方向性は名目貨幣が流通する条件のひとつである。

ここで注目されるのは「銭を納めた者」ではなく、「銭を貯めた者」に対して位階の引き上げを定めている点にある。貨幣の流通を促進することだけが目的であるならば、発行した政府への銭の支払いを定めることが自然であろう。詳細は次節で説明するが、政府への支払いに利用可能であることは、政府が発行する貨幣の価値を安定させるために大きな役割を果たす。にもかかわらず、「銭を貯める」ことを求めたのはなぜであろう。少し時代を下ると献銭叙位（銭を支払うことに対して官位を与えること）も行われており、買位買官がことさらのタブーであったわけではない。

当時の施政者の思惑を知るすべはないが、使用以上に蓄財を奨励したことには理にかなっている部分もある。

論点を先取りすると、**商品としての実体以上の価値を持つ貨幣――名目貨幣を政府が発行する場合、それは、政府が発行する商品券・クーポン券としての性質を持つ。**発行した商品券が使用されずに保蔵され続けることは発行者にとってはありがたい。市中で活発に流通することによって、和同開珎が税の支払い以外の用途に用いられるようになることが望ましいのは確かであろうが、和同開珎の貯蔵促進はより直接的な「行使されない商品券」を生み出す手法ではある。

なお、同日には、官吏の給与の一部を銭で支払うこと、私鋳に対する罰則を死刑（斬《ざん》刑《けい》）に引き上げ、家族の連座を定めるなどの厳罰化が告げられている。他の事件や命令の記述に比べて、詳細で文字数も多い記録となっていることは、同時期の政治にとって貨幣政策がいかに高い重要性を持っていたかを示している。

◉和同開珎銅銭の受難

その後も、地方の役人について蓄銭の義務化を行ったり、田の売買に銭を用いるよう指示するなど、和同開珎の定着については様々な方策が講じられる。これらの貨幣流通促進策のなかで注目すべきもののひとつが、

――『続日本紀』７１４年（和銅七年）９月20日

今後、取引に銭の良し悪しを択《えら》んではならない。もし官銭であることを知りながら、選り好みをするものがあれば、勅《みことのり》して杖《つえ》で百回打たせる。粗悪な銭貨が出たときは…（略）…すぐに市司《いちのつかさ》に送付せよ。

である。銭の良し悪しのひとつの基準が重さだ。銭は使用するにつれて、摩耗や割れ・欠

けによって重量を低下させていく。金属としての価値と貨幣としての価値が等しい商品貨幣であれば、その重さは商売をする者にとって最重要課題となるだろう。使用によってすり減っていても「1文は1文」として通用させようとした同令からは、**当時の政府が和同開珎銅銭を「政府鋳造の名目貨幣」――法・権力によって定められた貨幣に育てていきたいという意識が見える。**

しかし、これらの努力も十分に報われることはなかったようだ。商品としての価値の低い和同開珎銅銭は次第にその価値を低下させていく。銅銭の価値低下に対して、政府は大きな選択に迫られる。

ひとつの対応は銭となんらかの商品との交換比率を定めることで、銭に価値の裏付けを与えることである。世界史の中では金本位制下での紙幣がこれに近い。

例えば、我が国では1897年（明治三十年）に貨幣法によって金0・75gを1円と定め、紙幣と金貨との交換（兌換《だかん》）を保証した。金という裏付けによって紙幣の価値を確定させようとしたのだ。しかし、奈良時代の政府はこのような形での銭の価値維持は行わなかったと考えられる。『続日本紀』には銭と米の交換比を示す記述があるが、用途を限定した一時的な措置で、継続的に銭の価値を基礎づけるものとしてされたものではないようだ。

当時の政府が選んだ、または選ばざるを得なかったのは、銅銭の価値低下を追認するという方法である。和同開珎発行から13年後の721年（養老五年）に「銀銭1枚＝銅銭25枚」「銀地金1両（42g）＝銅銭100枚」という公定レートを定めている。銀銭ではかった銅銭の価値が半分以下になることを公に認めてしまったのだ。

しかし、銅銭の価値はこれでもまだ高すぎた。翌年には早くも新たな公定レートとして、「銀地金1両＝銅銭200枚」と改めた。この改定に関する記述はなかなか趣深い。

——**『続日本紀』722年（養老六年）2月27日**

市で行う交易については、もとより物の値段は定められている。ところがこの頃この規定が守られていないことが多い。そのためこうした不法の根本を根絶しようと思うと、生業を失う家があり、末端の不法を禁止しなかったら、よこしまな者たちがはびこる。そこで新たに銭を使用する上の便宜を図り、人民が利益を得ることができるようにしたい。

と前置きをしたうえで、前年の公定レートから銅銭の価値半減を指示している。これに加えて、値段はその時の状況によって変わる——といった言わずもがなの記述が続く。端的に言うとくどい、または言い訳がましい。これを当事者の悔しさがにじみ出ているとも解釈できるのではないか。

なぜ、このような冗長な理由づけが発表されたのであろう。

その答えは、この722年2月制令の交換比にあるのではないだろうか。この制令での交換レートは、銀1両（42g）≒銅銭200枚（銅800前後）である。銀1：銅20という交換レートは当時の金属としての銀・銅の価格比（1：25）と大きくは異ならない。ここにおいて、「銀ではかった銅銭の価値を大幅に高く定める」という意味での和同開珎プロジェクトは頓挫する。

同制令は財政収入獲得のために始まった和同開珎発行プロジェクトの敗北宣言、控えめに見ても大幅な方針転換なのである。言い訳や悔しさを付記せずにはいられなかったのではないだろうか。

和同開珎銅銭と銀の交換比が、銅地金と銀地金の交換比に近づいたことで、当面私鋳のインセンティブはなくなる。そのため、この後、私鋳に関する記述はしばらくの間みられなくなる。

3 その後の和同開珎と銭のない時代

富本銭プロジェクトに続き、和同開珎においてもその当初の目論見を達成することはできなかった。

しかし、これをもって一連の営為を未発達な国が背伸びをして先進国（唐）の真似をして失敗したプロジェクトだったと評価するのは適切ではない。和同開珎プロジェクトにより、京畿《けいき》内のみならずその周辺地域においても貨幣経済というあらたな経済システムが定着していくこととなった。

さらに、貨幣経済の拡大に伴って、和同開珎プロジェクトの当初の試みとは別の形で、そしてより現代的な形で貨幣発行益をもたらしたと考えられる。

◉貨幣の3機能を果たす貨幣

銅銭と銀銭（または銀地金）の交換比率を銅高に設定するというプロジェクトは失敗し

た。しかし、同年（722年9月）には、銭の使用に関してあらたな政策が実行に移される。そのひとつが、税を銭で納める地域を畿内周辺八カ国（伊賀・伊勢・尾張・近江《おうみ》・越前・丹波・播磨《はりま》・紀伊）に拡大する措置である。

先に説明したように、貨幣は国が発行する商品券としての性質を持つ。短期的な視点で考えると政府自身が発行した名目貨幣で何かを買う分には得をするが、それがすぐに行使される――つまりは政府に対する支払いに充てられると得分は少ない。

ちなみに、**当時の政府が自らが発行した銭で購入したもののひとつが労働である。**平城京造営事業に従事した労働者に支払う布が足りなかったから、布にかわる賃金支払い方法として和同開珎が鋳造されたという説もある。ちなみに当時の一日の労働が和同開珎銅銭1文であったとされることから、その価値は今日の硬貨とは比較にならないほど高いものであったことがわかる。少なくとも庶民にとっては今日の5000円札、1万円札に匹敵する貨幣であったようだ。

加えて、722年9月制令より税（調《ちょう》）の銭納の範囲を都の周辺からより広範囲に広げる措置が取られたことで、銭はさらなる価値の裏付けを得た。蓄銭叙位令によって貴族の資産としての価値を身につけ、税が銭納化されたことによって貴族に限定されない中央政府への支払い手段として用いられるようになった。これらの政策によって、和同開珎銅銭は、次第に貨幣としての内実を備えていったと考えられる。

税の支払い手段という性質は貨幣にとって大きな価値の裏付けとなる。これに対応して、税の銭納が行われた地域で田の売買時の価格が銭単位で記載される例が増えてくる。

比較的都に近い地方で銭による取引が一般化していくと、それらの地と頻繁に取引を行う商人や地域の中でも銭を支払いに用いることができるようになるだろう。貯蓄の手段になり〈価値保蔵機能〉、資産価値を表示する単位となり〈価値尺度機能〉、支払いの方法として用いることができる〈取引決済機能〉――この3つがそろえば、これは明確な貨幣として評価できる。

京や国衙《こくが》（地方行政拠点）から遠く離れた土地や庶民の取引において貨幣（和同開珎やそれに続く皇朝十二銭）がどの程度用いられたのかについては議論が尽くされていない。ただし、都に近い京畿内において、ある程度以上の大きな取引においては和同開珎銅銭は貨幣の3機能を果たす貨幣となったと言ってよいだろう。

また、地方豪族や地方役人にとっても、少なくとも中央政府とのやりとりの際に用いることができるという機能を持つようになった。その発掘枚数から考えても、流通範囲は無文銀銭よりもはるかに広く、深いものであったと考えられる。

◉ 価値尺度機能と貨幣発行益

民間での銭の流通が活発になると、銅銭には「便利な支払い手段として使用できる」という価値が付与されることになる。**税金として支払うことができるだけではなく、一般的な取引の際に用いることができるという「便利さ」が追加されるわけだ。この便利さによって銭の価値はさらに高まっていく。**

その結果、銅銭と銅地金の価値は乖離《かいり》していくことになる。少し時代が下った760年頃――つまりは和同開珎銅銭の浸透が進んだ後の史料であるが、寺院建立にあたっての資材価格の記録に、銅1斤《きん》(約670g)の値段が銭50文であったと記されている。

同時期の銅銭は軽量化していたため、銅1斤の重さと銅銭180枚の重さがほぼ等しい状態になっている。一方で、実際の交換比は銅1斤と銅銭50文が等価だったわけだ。ここから加工費を勘案しても、和同開珎銅銭には3倍以上プレミアムがついていたと解釈できる。ちなみに同史料には銀の価格も掲載されており、銅と銀の価格比は1:25と722年(養老六年)の制令と大きく変わらない割合である。

和同開珎プロジェクトが始まった当初、価値の基準となっていたのは銀であった。だからこそ、「銀との比較において銅(銅銭)に高い価値を与える」プロジェクトとして富本銭・和同開珎の発行が企画されたが、その試みは直接的には成功しなかった。しかし、ここで銭貨発行の本来の目的を考えてみよう。**最終的な目標は**「**銅銭にその銅の価値以上の価値を付与すること**」であり、その比較対象が銀である必要はない。

和同開珎銅銭の流通が広がるにつれ、価値の基準は銀から銭へと移行していった。その結果、銭の価値はそこに含まれる銅そのものの価値とは乖離していった。ここにおいて、富本銭以来の政府の目論見――**金属としての価値を超える名目貨幣の創造**という目的が達成されたのだ。

紆余曲折の末、もしくは偶然と幸運の末に古代貨幣がたどった道程は、公的に発行される貨幣が貨幣であるために必要なものを示してくれる。**政府による支払い手段として銭を用いることで社会に銭を供給し、その銭で納税できる制度を整えることで銭の価値を担保する**――これは名目貨幣が流通するために欠かすことのできない条件である。

和同開珎はその金属価値を上回る価値を安定的に有するようになった。名目貨幣の発行が可能になった政権はその鋳造により貨幣発行益を得ることができるようになる。その獲得のひとつの方法は、市中にある銅地金を回収し銅銭に鋳なおすことである。しかし、工業が存在しない時代には市中の銅の量はそこまで多くなかっただろう。

この状況に対して、天平期《てんぴょう》（730年代から760年代）の政権は銅生産とそれによる貨幣鋳造によって財政収入を得ることを目指した。同時期には各地で銅山の発見が相次ぐが、これは偶然の産物ではないだろう。新たな銅山の獲得に対応して、同時期には銭の鋳造所の増設が行われている。

なお、同時期の物価を見ると、銅の増産（和同開珎銅銭の増産）にもかかわらず、物価は下落傾向にあったようだ。当時の物価史料は少ないが、筆や墨の価格といった断片的な記録からは、その価格は天平期を通じ2割から3割ほど低下している。

これは同時期の銭需要の旺盛さを示している。需要が多いから、銭の価値が高い。銭の価値が高いということは、1文で買える商品の量が多いということだ。1文で買える商品の量が多いということは、銭の枚数ではかった商品の価格――つまりは物価が低いということに他ならない。**物価とは貨幣価値の逆数である。**これは、銅・銅銭の増産以上のスピードで銭の流通が拡大し、その需要が増大していたことを示している。

●古代貨幣の黄昏《たそがれ》

貨幣に関する通史を記すことが本書の目的ではない。しかし、その後の日本の貨幣・貨幣政策がどのように推移したか興味のある方もあるだろう。

安定した鋳造貨幣としての地位を獲得した和同開珎であるが、財政収入を得る手段としてはひとつの欠点がある。それは、銅そのものの増産がなければ発行を増やせない、つまりは財政収入を得ることができないという欠点である。当時の銅の精錬技術で利用できる銅鉱は多くはない。銅山の発見が滞ると、貨幣鋳造による財政収入を得ることが困難になってしまう。

その中で登場するのが新貨幣の鋳造という手法である。７６０年（天平宝字《ほうじ》四年）に政府は50年以上ぶりの新銅銭として万年通宝《まんねんつうほう》を発行する。その際に、公式のレートは万年通宝1＝和同開珎銅銭10とされた。

江戸時代の貨幣改鋳は、小判や銀貨に含まれる金・銀の量を減らすことで実施されたが、そのペースは含有量を数割落とすことで行われた。それに比べると、それほど変わらぬ量の銅で作った貨幣に10倍の価値を与えるという手法は実に大胆である。

万年通宝は1枚で和同開珎10枚分の価値を持つ。ここから、万年通宝が1枚供給されると和同開珎が10枚供給されたのと同じだけの貨幣量の増加を生むことになる。万年通宝発行により、貨幣の量が飛躍的に増大することになったことから、以降の物価は上昇に転じている。

しかし、この物価騰貴において興味深い現象が起きている。銅の金属としての価値が重要であると考えられているならば、和同開珎銅銭とほぼ同じ重量の万年通宝の価値は10分の1にむけて下落し、和同開珎銅銭と同じになっていくであろう。すると、物価は10倍または銭の利用拡大を考慮してもそれに近い物価の上昇が観察されてもおかしくない。しかし、実際に生じた物価上昇はそれには遠く及ばない。

さらに、物価の上昇と並行しての和同開珎銅銭の価値の下落があったという説がある。物価の上昇、つまりは万年通宝の価値が下落していく一方で、新銭1＝和同開珎銅銭10かそれに近い交換レートは一定程度受け入れられたという仮説である。

仮に新銭の価値が同じ重さの銅の5倍程度だったとしたならば、公的にはその10分の1の価値とされた和同開珎銅銭の価値は同じ重さの銅の半分ということになる。和同開珎銅銭はその金属価値よりも低価値の貨幣となった可能性さえあるのだ。

こうなると、和同開珎を鋳つぶして新銭を私鋳（偽造）するだけでなく、単に地金に直せば利益が得られることになる。銭の偽造に比べて必要になる設備も小さく、取り締まりも緩い。その過程で失われてしまった和同開珎銅銭は少なくないだろう。

ちなみに現在のアルミ製1円硬貨は製造原価が2円近くになると言われる。同様の事態が１２００年以上前に発生したと考えると非常に面白い。

この混乱により、７７２年（宝亀《ほうき》三年）には万年通宝と和同開珎銅銭（と７６５年に万年通宝と等価値で発行された神功開宝《じんごうかいほう》）を同じ価値で取り扱うとの制令を出している。銭の間の交換比率にとって金属の量よりも公定レートが重要な意味を持つようになったことは、古代の貨幣が名目貨幣としての性質を有するようになったことの証左とも言える。

同時期の東大寺の記録では、献上された綿や稲を銭に換えている。これは綿や稲がもっていた貨幣的な役割がその頃には銭貨に吸収されていったことを示している。

◉皇朝十二銭――〈価値保蔵機能〉の喪失

皇朝十二銭の年表

初鋳造年	
708年（和銅元年）	和同開珎
760年（天平宝字4年）	萬年通寶
765年（天平神護元年）	神功開寶
796年（延暦15年）	隆平永寶
818年（弘仁9年）	富壽神寶
835年（承和2年）	承和昌寶
848年（嘉祥元年）	長年大寶
859年（貞観元年）	饒益神寶
870年（貞観12年）	貞観永寶
890年（寛平2年）	寛平大寶
907年（延喜7年）	延喜通寶
958年（天徳2年）	乾元大寶

平安京への遷都後も貨幣改鋳は10年から20年に一度の間隔で断続的に行われている。奈良期の3種の銭に続く、平安期の9種の銭がいわゆる皇朝十二銭である。このことから、貨幣改鋳は平安時代初期まではある程度の財政収入を得られる政策手段であったと考えられる。9世紀時点では、少なくとも山城国《やましろのくに》・大和国《やまとのくに》での土地売買は銭を単位に行われることが多かったようだ。

しかし、時代が下るほどに軽量で小型の銭が発行されるようになり、９０７年（延喜《えんぎ》七年）の延喜通宝、その51年後の乾元大宝《けんげんたいほう》を最後に政府による貨幣鋳造は行われなくなる。延喜通宝・乾元大宝は小型（２・５ｇ）な上に銅の含有量が極めて少なく、まさに悪貨と呼ぶほかない銭である。そのため、現存するほとんどのもので銭文《せんぶん》（銭に書かれている文字）がほとんど判読できないほどだ。

相次ぐ改鋳によって銭貨の質が低下したことをもって、皇朝十二銭が信用を失い、絹や布、米といった商品そのものを仲介とする経済に回帰したと説明されることが多い。しかし、これだけでは説明不足だろう。**古代の貨幣流通にとり、「銭」そのものの持つ宗教的・呪術的な権威の果たした役割は小さくない。小さく、もろく、軽い銭になるにつれ、銭が貨幣として流通してきたもうひとつの基礎も崩れていった。**

問題はその品質だけではない。皇朝十二銭の改鋳にあたっては多くの場合（11回の改鋳のうち、確認できるもので８回）で新貨幣１＝旧貨幣10という公式レートが適用された。これは銭で蓄財していると10年から20年に一度、ため込んだ銭の価値が10分の１に減価してしまうということを意味している。「90％ディスカウント」を一度限りの措置であると民間が信じるならばよい。

しかし、**同様の制令が繰り返されるにつれて、銭は「価値を保蔵する」ことのできない資産という認識が広まっていく。貨幣の３つの機能のひとつである〈価値保蔵機能〉を政**

万年通宝

神功開宝

富寿神宝

長年大宝

乾元大宝

（すべて日本銀行貨幣博物館所蔵）

府が自ら崩してしまったわけだ。いつ期限切れが来るかわからない商品券を喜んで受け取る者はいない。受け取りを拒否されることが多くなれば〈取引決済機能〉さえも失うことになる。

銭貨にかわって取引の仲介や価値表示の手段となったのが稲・布といった商品そのものである。これらの商品を用いた取引は銭貨以前の時代、そして比較的政府発行の銭が成功していた奈良期においても、地方や庶民の取引にとっては貨幣的な役割を果たしていたと考えられる。この段階で、富本銭以前から用いられ、和同開珎発行後も取引において重要な地位を占めた銀の再貨幣化が生じなかったことは非常に興味深い。

● 貨幣発行益の本当の目的

古代、なかでも天武朝から奈良時代に至る日本政府・朝廷は、なぜかくまでに手を変え品を変え、政府による名目貨幣の発行にこだわり続けたのだろう。一方で、平安期の貨幣政策は成功したとは言えない前例を踏襲し続けるなど、なぜ乱暴なものに感じられてしまうのだろう。

そのヒントは貨幣発行益の特殊性にあるのではないだろうか。土地や人にかける税、古代律令制における租《そ》（土地に対する課税）、庸《よう》・調（人に対する課税）は基本的には定住する農民への課税である。商業や流通、貴族や寺社から税を取り立てることはむつかしい。さらに農業を中心とした課税ベースは天候不順などにより容易に不安定化する。

一方で、貨幣発行益は貨幣を持つ者全てから徴収でき、天候などにも左右されない財源でもある。貨幣発行益は、政権が貨幣を発行し、その金属としての価値を上回る財・サービスを購入することによって生まれる利益である。

このように書くと、貨幣発行は打ち出の小槌《こづち》であるかのように感じてしまうかもしれないが、それは誤りだ。貨幣発行益を得るためには貨幣の発行量を増やす必要がある。貨幣の発行量が増加すると、基本的には物価が上昇する（インフレーション、インフレ）。

インフレとは、「同じ額の貨幣で買えるものが減る」ことに他ならない。これは、改鋳や貨幣発行量の増大以前に貨幣を貯蓄している者にとっては負担となるため、インフレ税と呼ばれる。権力による直接的な徴税が不可能な者であっても、貨幣を使っている限り、この税からは逃れられない。

一部（の土地や人）からしか徴税できない権力が、より広く財政収入を得ようとした場合、貨幣発行益はそれを可能とする数少ない手段である。第4章の議論の先取りとなるが、江戸幕府の財政にとって、貨幣発行益は必要不可欠な財源であった。直接支配する地域は2割に満たない（その他は旗本・大名領）にもかかわらず、幕府は外交・国防から法制度維持・街道整備といった「全日本」の課題に対処せねばならない。その結果、貨幣発行益にたよらざるを得なかったのである。

ここで重要な論点は、政府の貨幣発行益を負担するのは「多くの貨幣を保有している者」であるという点だ。すると、会計や税務署の制度のない前近代社会において富者により多くの負担を求めることができる――**累進課税のような役割を果たしうる**という点でも意義深いのではないだろうか。

◎政府貨幣の古代史の終焉

ここで本章の冒頭を思い出していただきたい。白村江の敗戦は大和朝廷にとって、中国大陸勢力による日本侵攻の可能性という未曾有の危機を招いた。日本列島の一部を支配するに過ぎない、それどころか一応の支配地域ですら完全に掌握しているとは言いがたい政権が、日本を守るという全国的な課題を背負ってしまったのだ。

富本銭から始まる政府発行の名目貨幣プロジェクトは、この深刻な課題に対応する中で考案されている。両者を無関係なものと断じることはできないだろう。先進的な統治機構を整えるために都の造営が必要であり、都の造営には財源が必要であった。

唐との緊張関係が緩和された後も、律令制に基づく全国支配体制という目標がすぐに放棄されたわけではない。しかし、平安期に入ると徐々にその状況は変化していく。

10世紀に入ると、荘園の一部に不輸《ふゆ》(農業課税である租の免除)を認められた荘園が登場する。さらに、有力貴族や寺社に田地を寄進(形式上の寄付)することで不輸や不入《ふにゅう》(中央からの土地調査の免除)を認められる荘園が増加する。政府を運営しているのは有力貴族である。彼らにとって、不輸・不入とは無関係に負担が生じるインフレ税は自身の財産を脅かしかねない政策だ。

政権の中枢を担う有力貴族にとっての主な関心事が、日本全体の統治よりも自身の支配地域から得られる利益になっていったこともまた、貨幣政策の空洞化、さらにはその放棄に至った一因だったのではないだろうか。

全国的な政策(外交・国防など)を行う喫緊性が薄れたこと、支配階級が全国的な統治よりも自身の財産形成に主な関心を移していったこと。ここに至って、政府貨幣の古代史は終焉を迎える。長期的に維持可能な形で貨幣政策をコントロールし、安定的な貨幣発行益を得るために様々な政策を工夫するというインセンティブは失われ、その結果が安直な前例踏襲型の改鋳とそれに伴う銭貨の信用喪失だったと考えられよう。

第2章

貨幣の基礎理論を知る

――マネーは商品か国債か

無文銀銭《むもんぎんせん》からはじまり、我が国初の政府鋳造貨幣としての富本銭《ふほんせん》、初の本格的に流通した和同開珎プロジェクトに至る古代貨幣史は、皇朝十二銭《こうちょうじゅうにせん》の消滅をもってひとまずの終焉を迎える。

最後の皇朝十二銭である乾元大宝《けんげんたいほう》発行の26年後には、「近来世間銭を嫌うこともっとも甚だし」（『日本紀略《にほんきりゃく》』、984年〈永観《えいかん》二年〉）と評価され、その2年後には「一切世俗銭を用いず」（『本朝世紀《ほんちょうせいき》』986年〈寛和《かんな》二年〉）と言われるようになった。日本経済に銭不在の時代が到来する。

銭貨にかわって、交換・決済の手段となったのは稲や絹といった商品である。これらの商品貨幣は実際には銭貨が発行されていた時期にも地方や庶民にとっては大きな役割を担い続けていた。現代的な価値観に基づくと、稲や布を手段とした交換への移行を物々交換への「退化」ととらえてしまいそうになる。果たして、その解釈は正しいのだろうか。

物々交換の中から交換を劇的に容易にする道具としての（金属）貨幣が誕生し、のちにはより取引に便利な紙幣が発明される。また、現金の持ち運びという盗難・紛失の危険性のある手段にかわって為替送金制度や銀行制度が発展していくという考え方は納得しやすく、説明の便宜としては有用だろう。しかし、世界経済の歴史を振り返ると、このような単線的な発展段階論は考古学・歴史学的な根拠を持たない。これは我が国の貨幣史においても同様である。

本章では、貨幣・マネーを巡る理論的な考察を通じて伝統的な経済理論、または私たちが一般的に考えている貨幣理解を整理する。現代に生きる私たちが考える貨幣と歴史上に存在した貨幣は同じものだろうか。さらには現代に生きる私たちが考える貨幣と現在、そして将来の貨幣は同じものなのだろうか。その対照を通じて、標準的な理解にとどまらない代替《オルタナティブ》理論な貨幣理解の可能性について考えていきたい。

1 物々交換神話とマネーのヴェール観

貨幣の存在意義について、入門的な金融論では「欲求の二重一致（double coincident of wants)」の困難という観点から説明を始める。

◉欲求の二重一致

仮に、あなたがリンゴ農家だったとしよう。毎日リンゴばかり食べてはいられない。主食であるジャガイモが欲しいあなたは、なんとかしてジャガイモを手に入れようと奔走するだろう。

物々交換経済では「リンゴを持っていてジャガイモが欲しいあなた」は、「ジャガイモを持っていてリンゴが欲しい誰か」を探し出す必要がある。この探索が容易ではないことは想像に難くない。

例えば、リンゴを欲しがっている人が100人に1人、ジャガイモを持っている人もまた100人に1人だとしたならば、「ジャガイモを持っていてリンゴが欲しい誰か」は1万（100×100）人に1人しかいないということになる。あなたは「私のリンゴとあなたのジャガイモを交換してくれませんか」という問いかけを平均1万回繰り返さないといけないのだ。

一方で、貨幣のある経済ならばどうだろう。あなたは、リンゴが欲しい人を探す必要がある。まずは、手持ちのリンゴを貨幣に交換し、続いてジャガイモを持っている人を探せばよい。このとき、リンゴが欲しい人を探すのに100回、ジャガイモを持っている人を探すのに100回――平均200人に問いかけることで、あなたはジャガイモを手に入れることができると予想される。その手間は物々交換の50分の1に効率化されるわけだ。

物々交換の不便さを解消する「ツールとしての貨幣」という理解から導かれるのが、**経済活動の本質は物と物（または労働と物）といった実体あるもの同士の交換や生産活動にあり、貨幣はあくまでその潤滑油である**という見解である。このような思考法は経済学の黎明《れいめい》期にはすでに色濃く見られる。

アダム・スミス（Adam Smith １７２３〜１７９０）と並ぶ代表的な古典派経済学者であるデヴィッド・リカード（David Ricardo １７７２〜１８２３）は「諸生産物はつねに諸生産物によって、またはサーヴィスによって、買われる。貨幣は単に交換を行う媒介物に過ぎない」（『経済学及び課税の原理』、小泉信三訳）としている。これは物々交換本質＝貨幣ツール論の典型的な言及である。

もちろん、リンゴとジャガイモの話は、学生に貨幣がない世界の不便さを理解させるための創話である。しかし、この話を貨幣の誕生理由に関する説明であるかのように、つまりは「物々交換の不便さを解消するために貨幣が発明された」という話として受け止めてしまう者も少なくない。

必要は発明の母と言われることがあるが、物々交換の不便さを解消するためのツールは次節で説明するように貨幣だけではない。さらに、歴史の中では発明が必要の母（？）となった例も多い。フォード自動車の創業者であるヘンリー・フォード（Henry Ford

1863～1947）は「顧客に彼らが望むものは何かと聞いたなら『もっと速い馬が欲しい』と答えただろう」との言葉を残している。自動車の必要性は自動車の発明によって創造されたというわけだ。

●交換の要としての貨幣

物々交換経済が貨幣経済へと変化していくというストーリーには、もう少々詳しい説明が必要だ。ここでは、マルクス（Karl Marx 1818～1883）の価値形態（Form of Value）論を援用しながら物々交換から生まれる貨幣について考えたい。

まずは貨幣のない経済から考えていこう。

リンゴを持っているあなたは、幸運にも「ジャガイモを持っていてリンゴが欲しい誰か」に出会い、リンゴ1個とジャガイモ3個での物々交換が成立したとする。この交換を、

1個のリンゴ　＝　3個のジャガイモ

と表現しよう。1個のリンゴによって3個のジャガイモを得たことから、リンゴの価値がジャガイモによってあらわされることになる。もっとも、リンゴ農家であるあなたが欲し

い物はジャガイモだけではないだろう。

他の様々な生活物資を手に入れるためには、多くの相手と交換交渉を行う必要がある。貨幣のない世界であまたの困難を乗り越え、リンゴが様々な商品と交換された結果、

〈全体的な価値形態〉

＝3個のジャガイモ
＝2個のミカン
1個のリンゴ　＝20gの塩
＝8gの砂糖
＝布1枚

といった交換が成立したとしよう。1個のリンゴによってある時は3個のジャガイモを、またある時は8gの砂糖を得ることができたというわけだ。これらの交換においても、「1個のリンゴの価値はジャガイモ3個」または「1個のリンゴの価値は布1枚」のようにリンゴの価値が様々な商品によって表現されている。

特定の商品の価値が、他の様々な商品によって示される価値表示方式は**〈全体的な価値**

形態〉または〈拡大された価値形態〉と呼ばれる。

ここで視点を「リンゴ農家であるあなた」から、「その他おおぜいの人々」に移してみよう。

1個のリンゴがジャガイモやミカン、布といった他の様々な商品と交換されている状況を知った誰かは次のように考えるかもしれない——「ジャガイモ3個の価値はリンゴ1個」であり、かつ「ミカン2個の価値はリンゴ1個」であり、かつ、「布1枚の価値はリンゴ1個」なのだと。

本来であれば自分の持つリンゴがジャガイモ3個と交換できたことは、ジャガイモ3個を持っていればリンゴ1個を得られるということを意味しない。これは10万円で買った時計をすぐに売ろうとしても10万円にはならないことを思い出せば容易に理解できるだろう。売り手と買い手の間には深く大きな溝がある。

しかし、交換相手を探して東奔西走したあなたの努力や厳しい交渉の過程を知らない第三者の目に映るのは「リンゴ1個＝ジャガイモ3個」という交換比率のみである。このとき、第三者から見た商品と商品の関係は以下のように見えることだろう。

〈一般的な価値形態〉

3個のジャガイモ
2個のミカン
20gの塩　　　　＝　リンゴ1個
8gの砂糖
布1枚

ここでは、ジャガイモ、ミカン、塩……といった**様々な商品の価値がリンゴによって評価されている。これを〈一般的な価値形態〉と言う。**ここに至ると貨幣の誕生はもう目前である。

様々な商品の価値をはかる尺度になるほどに多種多様な商品・サービスと交換され、さらには交換を通じて様々な商品の価値を表示する機能を果たしうる商品とは何か。多くの人が必要とし、細かく分割可能で、持ち運びに容易で、保存がきく商品――それは貴金属（金や銀）であるというのが第一の答えになるだろう。

かくして、物々交換からその発展形としての貨幣経済が生まれ、その貨幣の材質としては多くの地域で貴金属が用いられることになる。

もちろん、第1章ですでに見てきたように、この貨幣としての地位につく商品は貴金属に限定されるものではない。稲や絹など、その社会において入手しやすく、分割や計算が容易で保存がきく商品が貨幣の座につくこともあるが、そのロジックに変わりはない。**様々な商品と交換できる商品の中で貨幣的な役割に適したものが貨幣としての役割を果たす**というわけだ。

ちなみに、稲を保存がきく商品であると言うと奇異に感じられるかもしれない。しかし、前近代社会、または一部途上国では比較的最近まで、古米が新米よりも高値で取引されていたと言われている。同じ量を炊いたときに、古米の方が炊き上がりの量が多くなることがその理由と考えられるが、そうであれば稲はむしろ利子がつく資産という性質さえもあわせ持っていたことになる。

物々交換の中から、その交換の「扇の要」となる商品が登場し、その商品が次第に他の商品とは異なる地位を持つ交換仲介者——つまりは貨幣になっていくというストーリー（貨幣商品説）は、一見、もっともに感じられる。その一方で、どのような商品が「他の商品とは異なる地位を持つ交換仲介者」になるのかについての説明に不満を覚えた方も多いだろう。「貨幣に向いている商品が貨幣になる」では説明になっていない。

物々交換から貨幣が生まれたという説明が好まれてきた理由の一端は、古典派やその後継者（であり最大の批判者でもある）マルクスが依拠した労働価値説にある。

ごく簡単に説明すると、商品の本質的な価値はその商品を作り出すために行われた労働によって決定されるとするのが労働価値説である。単純化するならば、**その商品を作るのにかけた労力によってその商品の客観的な価値が決定される**というわけだ。価値の源泉が労働にあると考えるならば、価値ある商品と交換できる――つまりは同じ価値を持つ貨幣自身もまた価値あるものでなければならない。したがって、貨幣もまた労働によって作られる（例えば金山や銀山での労働者、さらには鋳造職人の働きによって産出される）商品としての性質を有している必要がある。

●貨幣は中立的か非中立的か

経済学の歴史の中では、労働価値説そのものは次第に力を失っていく。しかし、労働価値説を捨てた現在の主流派経済学の中でも「物々交換の発展形としての貨幣」という思考法は根強い。または、暗黙裡《あんもくり》に受け入れられている。

その特徴を最も極端にしたものが、貨幣ヴェール観である。本質的な経済活動は財・サービスの交換にあり、リンゴ1個とミカン2個が交換される――といった交換比率はその商品の需要と供給から決定されているとしよう。

このような経済において、貨幣には物々交換の利便性を高めるという役割しか与えられていない。交換比率が貨幣とは無関係に決まっているわけだから、様々な交換によって決定される実質的な経済状態に貨幣が影響することはない。ここから、**貨幣とは実体のある財やサービスの交換を覆うヴェール（薄布）である**という主張が生まれる。

ここで少々極端な想定にお付き合いいただきたい。

ある孤島には漁師君と農家氏の2人だけが暮らしている。漁師君は春に魚２００匹を捕り、農家氏は秋に小麦１００kgを収穫する。ふたりの食事に関する好みから、両者の交換は小麦１＝魚２の比率で行われ、この交換の結果、両者ともに年間消費量は小麦50kg、魚１００匹となるとしよう。

しかし、魚・小麦ともに腐ってしまうため、長期貯蔵できない。そのため、交換なしには漁師君は秋・冬に、農家氏は春・夏に飢え死にしてしまう。一方で、魚の捕れる時期と小麦が穫《と》れる時期は一致しないため、文字通りの物々交換はむつかしい。そこで両者は山の麓に落ちていた珍しい石を使って取引の決済を行うことにした。

この石1個を1セキと呼ぼう。この珍石そのものは食べることはできないとする。ある年、農家氏は山中を探してこの珍石２００セキを手に入れた。珍石そのものは食べることはできないので、農家氏は春に手持ちの２００セキ全てを支払って漁師君から魚１００

匹を購入した。つまり、魚1匹は2セキである。この取引によって200セキを手に入れた漁師君は、秋にそれを使って小麦を入手しようとする。ここでも、珍石そのものを持っていても嬉しくも美味しくもないため、手持ちの200セキ全てを支払って小麦50kgを購入したとしよう。このとき、小麦は1kgで4セキというわけだ。

ここで、山で崖崩れがあったことによって新たに100個の珍石がみつかったら何が起きるだろう。農家氏が持つ珍石は300セキに増えるが、石そのものを持っている意味はない。ここでも手持ちの300セキを使い切るならば、魚1匹は300÷100＝3セキになる。同様に、小麦1kgの値段は300÷50＝6セキである。

セキ（貨幣）の量が1・5倍となったとき、財の値段そのものもまた1・5倍になるならば――その交換比は1：2のまま変わらない。このとき、「交換比」という実質的な取引条件は変化しないということになる。

貨幣が「実質的な経済活動」に影響を与えないとするならば、貨幣に関する研究は経済にとって重要な意味を持たないことになる。すると、貨幣史の研究もまた、政治的な意味はあるとしても、経済の歴史を考える大きな材料とはなり得ない。そして貨幣・マネーを通じて現代の経済を考える意義も小さいものとなるわけだ。果たしてそうだろうか。もちろんそうではない――だからこの本が執筆されている。

珍しい石が全て支払いに用いられるという想定が重要だと感じるかもしれないが、この設定は本質的ではない。どんなに貨幣をため込んでも、いつの日にか財と交換しなければ満足度を高めることはできないならば、結論に大きな変化はない。セキ（貨幣）の量が増えるにしたがって、各自が小麦・魚を購入するために支払ってもよいセキの額が増加していき、小麦・魚ともに価格の絶対水準は上昇していくことになる。むしろ、重要な想定は支払われるセキの額が増加すると「小麦・魚ともに」「同じ割合で」価格が上昇するという部分にある。

ヴェールとしての貨幣という性質が崩れるひとつの原因が名目価格（価格の絶対水準）が動かない、または動きにくい財・サービスの存在である。一部の商品にのみ名目価格の硬直性があるという場合、マネーの量は価格比に、その結果として実体経済に影響する。

◎価格硬直性と貨幣の役割

このような硬直性を持つものの代表が賃金である。政策効果の予想などに用いられるマクロ経済モデルでは、名目賃金（賃金の金額そのもの）は他の財・サービスに比べて変化しにくいという想定でモデルが構築される。

金融政策によって貨幣の量が増加しても、名目賃金は他の財・サービスの価格ほどには上昇しない。このとき、貨幣量の増大（金融緩和）によって相対的に安くなった労働への需要が増大する。つまりは、労働需要の増大という実体的な変化が生じるのだ。

その影響は、貨幣量の増大が生じた時点の経済状態によって異なる。

失業がほとんど存在しない、いわば完全雇用経済においては、労働が相対的に安くなっても働いている人数や時間は増加しない。すでに全ての労働者がこれ以上働きようがないだけ働いているからだ。このとき、貨幣量の増大は実質賃金（名目賃金÷物価）を引き下げる効果によって、労働者を貧しくするという分配上の効果を持つ。

一方で、（現状の一般的な賃金で）働く意思があるが雇用先を得られない人がいる場合にはその限りではない。経済学で言うところの非自発的失業者がいる状況では、貨幣量の変化は分配にとどまらない実質的な経済の変化をもたらす。労働需要の増大によって失業が減少するという効果が生じるのだ。

このとき、以前から職についていた者は実質的な所得減少により貧しくなる一方で、失業者の所得は大きく上昇することになる。いわば既存の労働者から失業者への所得の移転が生じる。それと同時に、経済全体での労働量が増加する結果、生産される財・サービスの総量は増加することになるだろう。分配のみならず、マクロの生産にまでその影響が及ぶわけだ。

ちなみに、前近代の日本でも賃金やサービス価格には明らかな硬直性があったと考えられる。中世の300年間において標準的な大工の日当は100文程度でほとんど変化していない。ちなみに、前近代社会における大工は熟練労働者の代表である。100文は一般的な労働者の3倍ほどの賃金にあたる。未熟練労働者の賃金も、大工ほどではないが、その変化は大きいものではない。あえて現代に換算するなら、100文は今の2万〜3万円、1文が200〜300円くらいの感覚だろうか。変動の小さい賃金とは対照的に、13世紀後半から15世紀前半にかけて、米の価格が半分にまで低下している。一日の稼ぎで買える米の量、一種の実質賃金は時期により大きく変動していた。

加えて、季節による実質賃金の変化も大きい。当時の労働時間は日の出から日の入りまでであるが、賃金は季節によって変化しない。日の出から日の入りまでの時間は、冬には10時間程度であるのに対して、夏には14時間以上にもなる。時給換算で3割近い差があるにもかかわらず「大工の賃金は一日100文」には変化がなかった。このように労働やサービスに対する「形のある商品とは違うものである」という認識は今日においても残存している。

失業率が高く、人々が働き口に困っている状態でも「時給500円」と聞くと安すぎるように感じる。カリスマ美容師のカット代金が「3万円」と聞くと、それでも行列ができるほどの人気なのだから経済原理からみると当然だと頭ではわかっていても――やはり高いと感じてしまう。現代の私たち、そして日本に限らず様々な国においても、労働は純粋な商品とは考えられていない。私たちは労働に対してなんらかの「正当な賃金水準（Fair Wage）」を想定してしまうのだ。

かつての経済理論ではこのような狭義の経済原則に合致しない思い込みを、非合理的で、いずれ市場の力で淘汰《とうた》されていく存在と考えていた。しかし、歴史上かくも長きにわたって続いてきた価値意識を「時代遅れの戯言《ざれごと》」とすることはあまりに傲慢だろう。近年ではむしろ「単純な損得勘定では割り切れない人々の感覚」を認めたうえで経済理論を構築しようとする研究が増えている。

名目値が硬直的なものは労働・サービスだけではない。労働以上に、そしてより原理的にその名目値が硬直的になるものがある。それが負債である。「１００万円の借金をした」という事実、またはその証書はどんな金融政策が行われ、財やサービスの価格が変化したとしても変化しない。返済しない限り、「１００万円の借金をした」ことに変化は生じないのだ。負債の性質は、貨幣に関するもうひとつの創世神話である貨幣法制説、さらには貨幣発行益問題と密接に結びついている。

孤島での農家と漁師の交換の例話を違和感なしに受け入れることができたという人は少ないだろう。あまりにも非現実的な想定に辟易《へきえき》したという方もあるかもしれない。

しかし、経済現象の中に潜むロジックのみに議論を集中させるためには、時に極端な単純化が役に立つ。他の島と一切交流のない孤島で、なぜか住民が2人しかおらず、収穫も小麦と魚しかない――といった不自然さはひとまず受け入れたとしよう。しかし、これらの非現実的な仮定を認めてもなお拭えない不自然さ、または不十分さがある。

2 負債としてのマネーと貨幣法制説

●贈答関係とマネー

それは「小麦と魚の収穫時期は一致しないため、両者は珍石を使って決済を行うことにした」という部分にある。収穫のタイミングが一致しないとき、確かに、貨幣（のような物）があれば手元に小麦や魚がなくとも、必要な物資を入手することができる。しかし、繰り返しになるが、「貨幣があると便利だから貨幣が存在する」では何も説明したことにならない。収穫時期のズレという問題に対処する、より現実的なやりとりは以下のようなものではないだろうか。


沖から戻ってきた漁師君がたくさんの魚を持っているのを見た農家氏が、

「わぁ！　いっぱい捕れたね！　2・3匹貰《もら》えないかなぁ」

漁師君はこれに応えて、

「いいとも。秋になったらお返し期待してるぜ」


といった具合だ。こののんびりとしたやりとりにあえて注をつけるならば、口頭の約束によって農家氏は漁師君に負債を負い、漁師君は農家氏に対する債権者となったわけだ。この例ですら、少々現代文明に毒された想像かもしれない。むしろ、

魚を捕って島に戻った漁師君が、

「おーい！　今日は大漁だったぞ！　お前も食えよ！（当然後で相応の返礼があることがわかっているので見返りに言及することはない）」

対して農家氏も、

「それはありがたい（当然、のちに返礼をすることになるので別に遠慮もしない）」

といったやりとりの方が自然だろう。返礼を前提にしたやりとりと贈り物では話が違うとの感想もあろう。しかし、前近代社会、または今もなお一部では、贈与とそれを受け取ることには「相手に貸しをつくる」「借りができる」こととつながっている。

贈り物（贈与）とそれに対する返礼という関係が債務・債権関係にあたるという指摘は文化人類学の分野では古典的である。マルセル・モース（Marcel Mauss １８７２〜１９５０）は主著『贈与論』の中で、贈与には、

- **贈り物を与える義務（提供の義務）**
- **贈り物を受け取る義務（受容の義務）**
- **お返しの義務（返礼の義務）**

という３つの義務があるとしている。日本中世史家の桜井英治は、これに「神に対する贈与の義務」を加えた４つを日本の中世における複雑な贈与関係を考える出発点としている。

贈与に関する義務の意識が共同体の中で共有されている状況では、**口約束のような貸し借りの関係はもとより、明示的な言及さえない贈り物のやりとりは商品やサービスの交換の重要な一形態となり得る。**

引き続き、この孤島を例に考えてみよう。

毎日のように漁師君から魚を受け取っているのに、秋の収穫期になって農家氏が返礼を怠ったらどうなるだろう。漁師君は二度と「魚のお裾わけ」をしてくれなくなるかもしれない。少なくとも、次からはお裾わけの量が減少することになりそうだ。このような漁師君による報復措置が十分に予想できることから逆算して、農家氏は秋にはこれまで受け取った魚と釣り合うくらいの小麦を漁師君に贈ることになる。

想定をより現実に近づけて、数十世帯の小さな村を考えてみよう。

これまで受けてきた贈り物に対して、最低限の返礼さえしない者は村落共同体の中で、どのような取り扱いを受けるだろうか。いずれ、仲間として当然果たすべき義務を行わない、仲間とするにふさわしくない人物との評判がたつだろう。このような評価が定着した者がその村落で暮らしていくことは容易ではない。

借りを返す、受けた便益に対してなんらかの返礼をするといった行為を怠ると、自身の生存に関わる報復を受ける。だからこそ贈与に対しては相応の返礼が行われる――というのが、贈与が取引の一パターンとなることへの経済学的な説明である。もっとも、「相応の返礼をしないことは神への背信行為だ」といった宗教的な畏れや「(誰かに)借りがあるという意識が耐えがたい」といった文化的な要因の力も大きいだろう。

考古学や文化人類学の成果を見る限り、経済学が暗黙の内に想定する「貨幣以前の世界での物々交換」は、けっして一般的なものではなかったようだ。文化人類学者のデヴィッド・グレーバー(David Graeber)は「数世紀にもわたって研究者たちは、この物々交換のおとぎの国を発見しようと努力してきたが、誰一人として成功しなかった」(『負債論』、酒井隆史他訳)と断じている。私たちが思い浮かべる物々交換は、貨幣による取引が当然のものとなった近代以降において「もし貨幣がなかったら、どのような取引が行われるようになるか」を夢想したものに過ぎない。

もっとも、古代の日本において商品貨幣(稲・麻布・絹など)を仲介手段として用いた取引の果たした役割は大きい。

ただし、前節で説明した物々交換の発展形として貨幣の役割を果たす商品が生まれたのか、法令や政府の徴税制度によって貨幣的にふるまうことが可能になったのかはわからない。さらには無文銀銭や和同開珎といった(信用力や継続性に劣る)黎明期の貨幣にかわるものとして貨幣化した可能性もあるだろう。商品貨幣の研究は古代史のみならず、貨幣研究全体にとってその根幹に関わるテーマとなり得る。

貨幣以前の財・サービスの交換・流通について物々交換ではなく、債権・債務関係を想定する場合、次なる論点は贈与や口約束によって安定的な交換・流通が可能であったのかに移る。

ごく小さな共同体において、この疑問への答えは簡単である。メンバーの数が少なく、やりとりされる財・サービスのバラエティに乏しい状況では、自分が「誰に何の貸しがあって、誰に借りがあるのか」を記憶していくことは難しいことではない。さらに自分の周囲の人々に関して「誰が誰に何の貸しがあって、誰が誰に借りがあるのか」を把握しておくことも不可能ではないだろう。ごく小規模な共同体内の交換・流通は広い意味での贈与的な交換によって維持できる。

しかし、共同体が大規模化し、贈答に用いられる財・サービスが多様になり、むしろ共同体に属さない者との1回限りの取引のためには牧歌的な（本人たちにとっては真剣なものかもしれないが……）贈与交換ではその任に堪えない。

ここで再び、本書冒頭に言及したヤップ島の石貨について考えてみよう。

巨大な石の貨幣は、その巨大さからそもそも移動できないものさえある。そのため、取引の決済は「石の所有権の移転」によって行われることになる。その所有権の移転はどこ

東京・日比谷公園内にある直径１ｍほどのヤップ島石貨

かに公的に記録されることはない。当事者やその周囲の人々の記憶の中に残されるのみだ。

石貨による決済が行われるのは、主に冠婚葬祭関連の支出や土地・船の取引においてである。ごく小規模な共同体であれば、これらの取引に関する贈与関係――誰が誰に「借り」「貸し」があるのかを記憶しておくことは可能であろう。しかし、共同体の構成員が増えるにつれてその記憶・暗記は困難になっていく。ヤップ島のコミュニティは、取引記録（記憶）のみで維持するには大きすぎたのかもしれない。

取引全体の記録には「田中から鈴木へ」といった具合に両当事者についての情報が必要だ。しかし、石貨の所有権についての記憶は「今は鈴木があの石貨を所有している」という一方の記憶のみで足りる。覚えるべき事柄が半減するわけだ。

余談ながら、友人に計算の際に「指を動かして頭の中のそろばんを操作する」人がいる。筆者はそろばんを習ったことがないので、それがどの程度便利な計算方法なのか理解できないが、その方が速く計算できるそうだ。石貨は「頭の中のそろばん」のような取引・所有記憶の補助装置として機能していたとも想像できる。

取引頻度が増し、関係者数が増え、より決定的な要因としてコミュニティの外部や容易にコミュニティから離脱することができる者との取引が増えると、贈与関係や口約束、さらには石貨ではスムーズな財・サービスの交換を行うことができなくなる。多数の関係者の資産、それと対になる負債を記憶しておくことはむつかしい。さらに贈り物を受け取るだけ受け取ってよその土地に移動されてしまってはたまったものではない。

このような困難を乗り越える方法、そして現代ではごくありふれた方法が債務・債権関係を文書で記録する――つまりは借用書を書くという方法である。

しかし、借用書だけでは十分ではない。そこに書かれている債務・債権の内容を正当なものであると確認し、債務の返済（債権の行使）を強制することができる力がないと、借用書はただの紙切れになってしまう。そこには法や権力が必要である。さらには、借り手に返済能力がない場合には、いかに十全な法制度と返済を強制する権力があったとしても

「ないところからは取れない」ということになるだろう。

●貨幣法制説と政府負債

ここで登場するのが貨幣誕生に関するもうひとつの神話、貨幣法制説である。ごく簡単にまとめるならば、皇帝や貴族、時の政権が「これが貨幣である」と宣言したものが貨幣となるという考え方だ。

もちろん、何の根拠もなしに宣言したのみで、ある商品や金属片が貨幣として社会に受け入れられるということはない。そこにはなんらかの裏付けが必要である。そして、政府が貨幣を貨幣として流通させるためには、その価値の根拠を社会に対して示し続ける努力が必要となるだろう。例えば、官位を得るためには一定以上の銭を保有している必要があるとした蓄《ちく》銭《せん》叙《じょ》位《い》令《れい》はそのひとつの工夫と言えよう。

法律や命令によって生み出される貨幣——法定貨幣にとって最も直接的な価値の裏付けとなり得るのは「それによって税金を支払うことができる」ことだ。政府がある対象（例えば和同開珎）を「これが貨幣である」と身をもって示すには、政府への支払いに和同開珎を用いてよいと認めることが近道となる。

そもそも政府に対する支払いに用いることができないものを「政府が公的に貨幣である

と定める」というのはあまりに矛盾した姿勢である。これこそが、納税やそのほかの政府に対する支払いとリンクしていなかった富本銭の流通に限界があった理由かもしれない。

政府が自らが発行した貨幣を政府自身への支払いの方法として認めると言うとき、その**法定貨幣は重要な性質を持つことになる。それが「政府負債」という性質であり、現代的に言うならば国債に類似した性質だ。**

現代社会に生きる私たちにとって、1万円札と国債は全くの別物のように感じられる。例えば、来年度の日本国政府が税収の裏付けなしに100億円の支出を行おうとする場合を考えてみよう。

政府は100億円の国債を発行し、これを民間に売却する。この借入によって民間から100億円の貨幣を手に入れた政府は、それを使って社会保障給付や公共事業を行う。発行された国債はのちに税収の一部を用いて返済されていくことになるだろう。このとき、国債が政府の負債であることを理解することはむつかしいことではない（むしろ当然すぎる）。

一方で、政府が直接的に1万円札を印刷して支出を行ったとしたならばどうだろう。これを債務であると認識することは少々むつかしいかもしれない。

1万円札には返済期限が設定されていない。そして、1万円札の所有者が政府機関や日本銀行に1万円札を持参して「金を返してくれ（?）」と迫ったとしても、渡されるものはせいぜい新品の1万円札であろう。ここから、私たちはともすると現金やベースマネー（現金と民間銀行の日銀への預金）の負債性・債務性を見逃してしまう。

しかし、現代の貨幣もまた「将来それで税金を納めることができる」という意味で政府にとっての負債であり、民間にとっての資産である。企業会計においても、自社が発行した商品券がその会社にとっての負債であることを思い出されたい。貨幣の負債性を認識しにくくなる大きな理由は、現代では税金を貨幣で納める以外の状況を想像しづらいところにある。

むしろ、古代の経済を考えた方が、両者の共通性を明確に理解できる。古代の主要な税は租《そ》（稲による納税）、庸《よう》（本来は労役による納税だが物納されることが多い）、調《ちょう》（麻布・絹などの繊維製品による納税）である。

あるとき、政府が都の造営のために人手が必要になったとしよう。通常よりも大きな土木事業であるため、庸による労役だけではとても足りない。追加で労働者を雇うには一定の稲や布を与えなければならないが、政府の手元に十分な稲・布がないとする。かわりに政府は一日の労働に対して和同開珎を1枚支払うこととしたとしよう。このとき、鋳造費用を無視するならば、政府は同時点ではなんの負担もなしに「労働サービス」を入手したことになる。

無から有を生み出すことはできない。このとき、支払い時点で負担なしにサービスを入手した対価は何になるのだろう。政府は、将来のどこかの時点で税金を稲や布ではなく（それ自体は食べることも着ることもできない）和同開珎で支払われてしまうというコストを負っていることに注意されたい。

政府負債が直接的な納税手段以外の用途を持たない状況では、その発行は大きな貨幣発行益は生まない。極端な例だが、政府からの支払いとして得た銭をその日のうちに納税に使ってしまう状況を想像されたい。貨幣発行益は政府が発行した負債が、すぐには、または半永久的に税金の支払いに向かわない状況になったときに生まれる。これは、政府負債（の一部）が税金支払い以外の用途――典型的には貯蓄の手段、取引の支払いツールとして用いられるようになることで発生する。

●貨幣発行益が生まれる条件

政権が発行した銭が、財・サービス購入時の支払い手段として使われるようになると、納税のために必要なわけではないのに銭が保有されるようになる。その結果、いつまでも税金の支払いに用いられない、つまりは返済を要求されない政府負債が生まれる。行使されない商品券というわけだ。

ある銭貨が税金の支払い手段以外の役割で用いられる割合が高いほど、この行使されない商品券であり、償還を求められない無利子国債の発行から得られる利益は大きくなる。古代日本の政府による税の銭納化と様々な流通促進策の組み合わせは、その成功の度合いはさておき、貨幣発行益獲得のための施策としては整合的な組み合わせである。

貨幣発行益の大きさは新たに発行した貨幣の量とすでに発行されている貨幣の量から決定される。中央銀行制度がなく、政府の発行する貨幣が銭であった場合、

実質的な貨幣発行益
＝（新たに発行した銭で購入できる財・サービスの量）
＋物価上昇率×（すでに発行している銭の量）
－鋳造費用

となる。「新たに発行した銭で購入できる財・サービスの量」が貨幣発行益であることは容易に理解できるだろう。しかし、利益はそれだけではない。「過去に発行した政府負債としての銭」の実質価値にも注目が必要だ。銭の発行を増やすことで物価が上昇すれば、

負債を返済するために必要な財・サービスの量は少なくて済む。過去の負債の返済が容易になることも貨幣発行の大きな利益である。

銭貨がたんなる政府負債や税金支払いのためのクーポン券にとどまらない用途――資産として貯蓄の手段になり〈価値保蔵機能〉、商取引の際の仲介手段になり〈取引決済機能〉、その結果として価値の表示基準となる〈価値尺度機能〉――を持つようになるには何が必要なのだろう。

自身に近い将来税金を納める予定があるなら、手持ちの商品や財産と納税に使えるクーポン券を交換してもよいと考えるだろう。また、自身に納税の予定がなくとも、今後取引をする相手が税金を支払う予定があると予想されるなら（その取引相手が税金クーポンを受け取ってくれることが予想できるため）銭と手持ちの商品・資産の交換を受け入れるだろう。そして、次の取引相手が税金を払う予定がなかったとしても、次の取引相手の次の取引相手が……と税金クーポンの流通を支えるロジックは無限に続いていくことになる。「誰かが納税に用いる」という予想が続く範囲において税金クーポンは貨幣に転換する。なお、ここでは簡単のために税金を例としたが、これを官位を買うための蓄財・支出等に置き換えても話は同じである。

負債を貨幣の原型とする考え方（貨幣負債説）と貨幣法制説を貨幣誕生に関する対立的

な仮説として紹介する論考もあるが、全面的には賛同できない。両者を全くの別物とすることは適切ではないからだ。ほとんどの貨幣法制説は貨幣負債説の一ケースに分類できる。その理由は法定貨幣の持つある性質にある。

政府が法・権力によって定めた貨幣は「政府負債としての貨幣」という性質を持たざるを得ない。政府がある対象を「貨幣とする」ということは、銭であれ紙幣であれ、それを政府への支払い手段として認めるということだ。繰り返しになるが、政府への支払いクーポン券は政府にとっての負債である。

なお、「本紙幣を金1gと交換する」といった兌換《だかん》を保証したうえで発行される紙幣（兌換紙幣）もこの例外ではない。兌換紙幣の所有者がそれを持参して政府・中央銀行に返済を求めたならば、額面に約束されただけの貴金属を引き渡さなければならない。これもまた、政府の負債である。両者の違いは、負債の償還が金・銀の支払いによって行われるか、納税義務を通じて行われるかにある。

政府が発行する貨幣は政府の負債である。政府負債という論点から古代貨幣史を振り返ると、その流通範囲の意味するところが理解できる。**政府負債＝税金クーポンが貨幣としてふるまうことができる大きな理由は、そう遠くない時期に誰かがそれを納税に用いることがある――と予想されるためだ。**中央政府への納税が、直接・間接いずれにおいても、ある程度の身近な活動である範囲でなければ税金クーポンに価値を感じてはもらえない。都とその周辺、それ以外においては各国の国府周辺といった中央政府との関係性の強い場所で、和同開珎をはじめとする古代銭貨の出土例が多くなるのはそのためである。

貨幣発行益は、その支配の浸透度と独立なものではいられない。納税や政府との取引といった経済活動との距離が近い者、そして地域ほど、「政府が発行した貨幣」を納税以外の目的で所有することを受け入れやすい。前章で指摘した「支配の浸透とは無関係に徴収できるインフレ税」という性質は部分的にしか満たされないのだ。

直接的な納税をする可能性はなくとも、そう遠くないどこかに納税の義務を負う者がいるという基礎によって政府発行貨幣が貨幣として機能している。一方で、自身に中央政府への納税義務がなく、納税義務者との取引がほとんどない者にとって、政府が発行した税金クーポンは「どこにあるかもわからない店の商品券」のようなものだ。それが貨幣として用いられ、貯蓄されるようになるためにはもうひとつのピースが必要である。

3 貨幣の完成と無限の循環論法

ここで話を現代の貨幣に移してみよう。

現在、統計上の貨幣とは現金と預金通貨（銀行等の預金残高）の和として定義されている。現金は政府負債である。私たちが銀行等の口座に預けている預金残高は銀行にとっての負債である。現代の統計では、政府負債である現金と銀行の負債である預金をともに貨幣として取り扱っている。この貨幣の総量は、かつてはマネーサプライと呼ばれていたが、現在ではマネーストック統計と呼ばれている。私たちが現金で支払いを行うとき、銀行口座に給与を振り込んでもらうとき、それが自身の納税のための用意であるとか、相手が納税手段として受け取るかどうかを気にする者はいまい。

「貨幣が貨幣であるための条件」は、貨幣商品説でも貨幣法制説でもないと主張したのが岩井克人の『貨幣論』である。ある商品や債務証書が、またはそのいずれでもない何かが貨幣であるための条件は、それが貨幣として用いられていることそのものにある――この循環論法が成立していることそのものにあり、それ以外にないというのだ。

貨幣の本質はどこにあるのか

ここであらためて第1節の議論を思い出してみてほしい。リンゴが様々な商品と交換されることで、リンゴの価値は様々な商品によってあらわされるようになる。例えば、リンゴ1個の価値はミカン2個であり、塩20gであり、布1枚であり……という状況だ。これが〈全体的な価値形態〉である。

そして、多種多様な商品がリンゴと交換されているという事実によって、各商品の価値がリンゴによって表現される――ミカン1個の価値はリンゴ1／2個であり、塩1gの価値はリンゴ1／20個であり……という関係に至ったものが〈一般的な価値形態〉である。

第1節では〈一般的な価値形態〉の、つまりは物々交換の「扇の要」の地位に貴金属がつくことで貨幣が完成されると説明した。しかし、これは正確な表現ではないかもしれない。現実に存在している貨幣は必ず〈全体的な価値形態〉と〈一般的な価値形態〉の両方の側面を持っている。

現代において、財やサービスの価値が貨幣（日本円）によって表示されている。この〈一般的な価値形態〉は、日々コンビニや飲食店で目にする価格表示そのものである。一方で、このような価格表示は日本円が様々な商品と交換できることと区別することはできない。つまりは、同時に日本円の価値を様々な商品で示す〈全体的な価値形態〉でもあるではないか。100円の価値はジュース1本であり、サービス定食5分の1食であり、中古車1万分の1台であるというように。

ちなみに、現在の経済統計で「物価」と言った場合には、特定の商品の価格ではなく特定の商品の組み合わせ（例えば2015年の平均的な家計の消費）を買うために必要な金額の推移を指す。

2015年の平均的な家計の消費額が200万円だったとしよう。この「2015年の平均的な家計が購入したもの」と全く同じもの・同じ量を2019年に購入するために最低限必要な金額が210万円になっていたならば——物価は5％上昇したと言われる。このとき、1万円の価値は2015年には「平均的な消費生活の200分の1」であり、2019年には「（2015年の）平均的な消費生活の210分の1」ということになる。物価の上昇、インフレとは1万円の、つまりは貨幣価値の低下である。

「貨幣である」ということは、〈全体的な価値形態〉と〈一般的な価値形態〉の両方の役割を同時に満たすことであり、それ以外ではない。理由の如何《いかん》を問わず、〈全体的な価値形態〉かつ〈一般的な価値形態〉という役割を担うようになったものはそれが何であれ貨幣として機能する。

なんらかのきっかけでひとたび全体的な価値形態が成立してしまえば、それはある確率で一般的な価値形態を成立させるにちがいなく、また、べつのなんらかのきっかけでひとたび一般的な価値形態が成立してしまえば、それもやはりある確率で全体的な価値形態を成立させるにちがいない。（岩井克人『貨幣論』、P98）

他の様々な商品と交換される財・サービスがあるとき、そこになんらかの偶然が加われば、それは貨幣になり得るというわけだ。そしてひとたび貨幣としての地位を獲得したものは、まさに貨幣であるからこそ貨幣であるという「無限の循環論法」の中で貨幣であり続けることになる。岩井はこれを〈貨幣形態Z〉と名づけている。

循環論法以外の何物でもない関係によって支えられる〈貨幣形態Z〉は、循環論法であるがゆえに非常に強力である。貨幣商品説において特定の商品が貨幣になるのはその商品が多くの人にとって魅力であったり、持ち運びや貯蔵に適しているという特徴を持っているからであった。負債としての貨幣法制説において、税金クーポンが貨幣になるのは、将来のいずれかの時点で誰かが納税のために用いるからであった。

しかし、〈貨幣形態Z〉においては「何か」が貨幣であることにこのような外部からの根拠は必要とされていない。様々な商品と交換ができ、様々な商品がそれと交換されるという状況そのものが根拠になっているに過ぎない。

●岩井の貨幣形態Z

3個のジャガイモ
2個のミカン
20gの塩
8gの砂糖
布1枚

＝（貨幣としてふるまう）何か＝

3個のジャガイモ
2個のミカン
20gの塩
8gの砂糖
布1枚

誤解なきように付け加えると、「ある貨幣」の根拠がこのような循環論法にあるということは、商品が貨幣になること、政府負債が貨幣になることを否定するものではない。循環論法の中心の位置に特定の商品が座ることも、政府負債が座ることも十分に考えられる。

そして、商品でも政府負債でもない「何か」がその地位につくこともあり得るというのが岩井の議論の要点である。貨幣商品説と貨幣法制説はある商品や資産が〈貨幣形態Z〉

の中心に昇るための梯子《はしご》を巡る議論に過ぎないというわけだ。一切の基礎を持たない何かが価値を持つことがあるという意味で、これは貨幣バブル説と呼んでもよいかもしれない。実際、貨幣制度こそが人類史最大のバブルであるという指摘は多い。

これは「興味深い理論上の可能性」ではない。ここまでの説明で現代の仮想通貨を思い浮かべた方は多いだろう。そして、中世における渡来銭《とらいせん》（宋銭《そうせん》や明銭《みんせん》をはじめとする中国貨幣）の流通を思い出した人もあるかもしれない。何等の基礎も持たない貨幣は現実に存在し、これからも生まれ得る。

貨幣であることのプレミアム

循環論法が貨幣の本質であると考えると、商品説も法制説もその一部に修正を余儀なくされる。

ある国における貨幣が商品から生まれた、言い換えれば貨幣商品説という梯子をのぼって貨幣の地位を獲得していたとしよう。ひとたび、その商品が貨幣として機能し始めたのちには、商品そのものとしての価値に、この循環論法の中心にあることによる価値が加わることになる。つまりは、その商品が一商品に過ぎない状態のそれを上回る価値を持つようになるのだ。

当初は一商品に過ぎなかった絹が貨幣として用いられるようになると、その需要は増大する。衣服にする以外の目的で絹布を持とうとする者が現れるからだ。絹需要の増大によって、絹布の価値が高まる（それまでよりも多量のものと交換できる）ようになる。純粋な物々交換社会があったか否かの議論はさておくと、このとき絹布は貨幣として用いられていないときよりも高い価値を獲得することになるだろう。

これは法律や命令を出自とする貨幣、つまりは貨幣法制説という梯子をのぼって〈貨幣形態Z〉の中心に到達した貨幣についても同様である。

繰り返しになるが、政府の債務証書がすぐに権利行使される――つまりは納税のために用いられる状況では貨幣発行益は生じない。納税以外の目的で保有されるという需要があって初めて貨幣発行益を得ることができる。富本銭から皇朝十二銭にいたる古代の貨幣プロジェクトは、政府が鋳造する銭を〈貨幣形態Z〉の中心に据え、それによって貨幣発行益を得ようとする苦心の物語だったとも言えるだろう。**政府の債務証書（古代日本においては銭）が貨幣となったということは、その「実質的な政府負債としての価値」以上の価値を有する「貨幣としての政府負債」が発行可能になった**ということになる。

これは現代の話に置き換えると理解しやすいかもしれない。1万円札と国債はともに政府の負債である。しかし、前者には利子がつかないのに、後者には利子がつく。貨幣としての役割を担う1万円札は、利子なしでも受け取ってもらえるくらいに高く評価されているというわけだ。「単なる政府負債（国債）」と「貨幣でもある政府負債（紙幣）」の価値の差は流動性プレミアムと呼ばれる。

ちなみに、国債ではなく貨幣の形で借り入れたことによる利子の節約分を長期にわたって合計すると95ページの貨幣発行益の額と等しくなる。貨幣発行益とは、政府負債としての貨幣が債務証書以上の意味・価値を持っているからこそ発生する。

貨幣になった商品、貨幣になった負債——その双方に共通する点は、貨幣として用いられなかった場合に比べて高い価値を持つ、具体的にはより多くの財・サービスと交換できるようになるところにある。

貨幣発行益は政府負債が貨幣化したときにのみ発生する現象ではない。絹が貨幣となったとき、絹の生産者は実質的な所得上昇という貨幣発行益を得る。違いは、貨幣発行益が誰のものになるのかという点に集約されている。貨幣発行益が誰のものとなるかは、貨幣の未来を考えていくうえで重要な対立点となるだろう。

第3章

信頼できる債務者を求めて

——貯蓄への渇望が銭を求めた

	日本	海外
11世紀	1017年 藤原道長太政大臣となる 1086年 白河上皇による院政の開始 1098年 源義家、武士として初めての昇殿	1004年 宋と遼の間で不戦盟約成立（澶淵の盟） 1069-76年 宋で王安石による政治改革
12世紀	1129年 鳥羽上皇による院政の開始 1156年 保元の乱 1159年 平治の乱 1167年 平清盛が太政大臣となる 1180-85年 治承・寿永の乱（源平合戦）	1126年 金が宋の首都開封占領（靖康の変） 1127年 南宋が成立する 1142年 金・南宋間講和（紹興の和議）
13世紀	1221年 後鳥羽上皇が挙兵するも、幕府軍に敗れる（承久の乱） 1232年 御成敗式目制定 1274・81年 文永・弘安の役（元寇） 1297年 永仁の徳政令	1211年 モンゴル帝国の金侵攻 1234年 金滅亡 1271年 モンゴル帝国、国号を元と改める 1279年 南宋滅亡
14世紀	1331年 後醍醐天皇の挙兵 1333年 鎌倉幕府滅亡 1338年 足利尊氏征夷大将軍に補任 1368年 足利義満将軍宣下をうける 1392年 南北朝合一（明徳の和約）	1351年 白蓮教徒による元への反乱始まる 1356年 朱元璋が南京占領 1368年 朱元璋（洪武帝）による明建国
15世紀	1401年 日明貿易の開始 1428年 正長の土一揆 1467-77年 応仁の乱 1489年 足利義政銀閣の建設	1402年 永楽帝の即位 1405-33年 明の鄭和による大航海 1421年 明、北京に遷都 1492年 コロンブスが新大陸に到達
16世紀	1543年 鉄砲伝来 1553-64年 川中島の戦い 1560年 桶狭間の戦い 1573年 室町幕府滅亡	1519-22年 マゼラン船隊の世界一周 1545年 スペインによるポトシ銀山開発開始 1571年 スペインによるフィリピン諸島占領

無限の循環論法によって成り立つ貨幣という仮説に対して、日本において、第一に想起されるのは中世の銭貨だろう。

院政期・平氏政権期の12世紀半ばから戦国期の16世紀にかけての400年近くにわたって、日本国内では渡来銭《とらいせん》（宋《そう》や明《みん》が発行した銭貨）やそれを模倣した私鋳銭《しちゅうせん》（中国や日本国内で宋・明銭を模して作られた貨幣）が、貨幣としての役割を担った。

その流通は発行主体である宋が滅亡し、それに続く王朝が宋銭の使用を禁止してもなお続いた……むしろ金や元王朝による銭《ぜに》の使用禁止以降に日本国内における銭の使用は加速している。貴金属としての価値も、政府負債という基盤も持たないように感じる渡来銭が貨幣としてふるまった時代。その考察もまた貨幣の未来を考える大きなヒントとなり得るだろう。

一般的には治承《じしょう》・寿永《じゅえい》の乱（いわゆる源平合戦）前後から織田信長による足利義昭《あしかがよしあき》の追放（室町幕府の滅亡）までを中世とすることが多い。本章では一部摂関《せっかん》政治期や院政期にも言及するため、同期間のごく主要な出来事に関して年表にまとめておいた。なかでも渡来銭の性質を考えるうえでは中国大陸の情勢も重要になるため、記憶を補う一助としていただきたい。

「中世の日本」という時代区分はあまりにも長く、多様である。なかでもその経済状態について学ぶ機会はそう多くはなかったという方が多いことだろう。そこで、第1章の舞台である古代から中世にかけての経済の変遷を概観することでそのイメージをつかむことから始めよう。

1 古代から中世の日本経済

超長期の経済状態を数量的に考える際、多くの研究で引用されてきたのがアンガス・マディソン（Angus Maddison　1926〜2010）による研究群である。古代ローマ帝国の時代から現代にいたる世界の各地域の経済成長の軌跡を膨大な統計資料と歴史的考察によって紡ぎあげた同氏の研究が、数量経済史の金字塔であることは間違いない。

その一方で、マディソンの日本に関する推計は、古代・中世については根拠となる資料が十分ではなく、当て推量と評価されても仕方がないとの指摘も多い。

● 律令制と古代の高度成長

古代から中世の日本経済について信頼に足る数量的な資料に乏しいのは確かだ。そのため、ある程度数値化した推計が可能となる江戸時代から逆算して、古代・中世の経済水準を推し量るという手法には致し方ない部分もある。

しかし、近年では断片的な資料を集積することで、一定の資料上の根拠を伴った古代・中世日本の経済状態を推計する野心的な試みも増えている。本節では、経済史家の高島正憲による推計（以下、高島推計）を用いて、第1章ならびに本章で取り扱う時代の経済について考えていきたい。

同推計では、古代の農業生産高の推移について、奈良時代～平安時代前半（950年頃まで）の200年間は耕地面積の拡大とそれに伴う生産の増加が生じ、農業生産量は1・25倍程度に拡大したとしている。一方で、平安時代後半の200年ほどはその成長率は大幅に鈍化したと考えられる。

都市人口の推計を用いて第二次産業（製造工業）・第三次産業（商業・サービス業・金融業）を含めた総生産量――現代風に言うならばGDPの成長率についても同様の傾向が見られる。

総生産に関する各種推計の平均値では、奈良期～平安期前半にかけての経済成長率は年平均0・1％、平安時代後半は0・06％である。数値だけを見ると両期間ともにゼロ成長と考えてしまいがちであるが、そうではない。近代以前において、ましてや古代においては、長期的に経済が成長すること自体が珍しい。そのため、経済成長をしていた時期についてもそのスピードは今日とは比較にならないほどに緩慢であったことに注意しておく必要がある。

ある意味では高度成長期とさえ呼べる奈良時代（７３０年頃）から平安時代中頃（９５０年頃）という期間が、皇朝十二銭《こうちょうじゅうにせん》の発行期間と重なっている点も興味深い。無論、これをもって貨幣経済の発展が経済の成長をもたらしたと結論してはいけない。皇朝十二銭は、比較的成功していたと考えられる奈良期においてさえ、１文の価値が高すぎて庶民が日常的に用いる貨幣ではなかった。和同開珎発行時には、朝廷による土木事業において、労働者の日当として和同開珎銅銭１枚が充てられていた。今日の感覚で言えば、最も小額の貨幣が１万円札のような状態である。

むしろ律令制に基づく中央集権国家の建設という国家的な目標が存在し、その目標を達成するための諸政策のひとつが耕作地の拡大であり、また別のひとつが貨幣鋳造であったと考えるべきだろう。部分的なものではあるが中央政府による統一された政策運営が比較的高い経済成長率をもたらし、その崩壊後に成長率が低下したことが示唆するものは多い。

◉分権化する経済支配

平安時代後期（10世紀後半から12世紀半ば）は土地支配のシステムとしての荘園制度が本格化した時期でもある。奈良期の荘園は自身の開墾した土地を私有し、直接管理するものであり、中央政府への納税義務からも免れていなかった。

しかし、平安期に入ると、各地の地主や小豪族たちは、有力貴族や有力寺社に土地を寄進する（形式上譲渡する）ことで政府への納税を免れ、その見返りとして貴族・寺社に一種の名義使用料を納付するようになる。

ごく簡単化するならば、有力貴族・寺社に税金を納める代わりに中央政府への税金を払わないようになっていったのだ。その権勢の絶頂にあった1018年（寛仁《かんにん》二年）に藤原道長は「この世をば　我が世とぞ思ふ　望月の　かけたることも　なしと思へば」と詠んだとされるが、摂関家の経済基盤は荘園からの上納によって支えられてきた。

荘園制の拡大、裏を返せば律令制に基づく中央政府の経済的支配が緩んだことは、国家による課税の縮小――つまりは減税を意味している。無論、荘園で働く個々の農民の負担が減ったということではないが、少なくとも現地の地主や名義上の所有者である荘園領主にとっては利益があった。だからこそ荘園制度が拡大したのだ。つまりは、**荘園制度は彼**

らにとっての節税対策なのである。

標準的な経済理論にしたがうならば、減税によって現地の地主や貴族にとっては、より多くの土地を開墾し収入を増大させるインセンティブが高まることになる。しかし、同時期に耕地面積の拡大は確認されない。各貴族や寺院がばらばらに、いわば分権的に経済運営を行う状況は経済的な繁栄をもたらさなかったようだ。**中央集権的な統治制度の喪失は、皇朝十二銭を終わらせただけではなく、経済成長自体を停滞させる結果となった。**

この成長停滞傾向がさらに顕著になるのが中世前期（12世紀半ばの平安末期から鎌倉時代）である。高島推計では、1150年から1280年頃にかけて農業生産量・総生産量（GDP）はむしろ減少し、同時に一人当たりの所得も低下したとしている。数量経済史のみならず文献資料を中心とした研究においても平安時代後半から鎌倉時代にかけて農業生産が減少に転じた可能性を指摘する研究もある。

その理由として挙げられることが多いのが、天候不順と疫病の多発である。一方で、治承・寿永の乱（源平合戦）や文永《ぶんえい》・弘安《こうあん》の役（元寇）といった戦乱の影響も無視できない。しかし、これらの要因は平安末期から鎌倉期に特有のものではない点には注意が必要だろう。飢饉《ききん》の発生頻度は、鎌倉期よりも古代、そして室町期の方が高いくらいだ（ただし疫病の発生頻度は室町期以降低下している）。**低成長の理由として同時期に「政府」と呼ぶこ**

総生産量（石高換算）

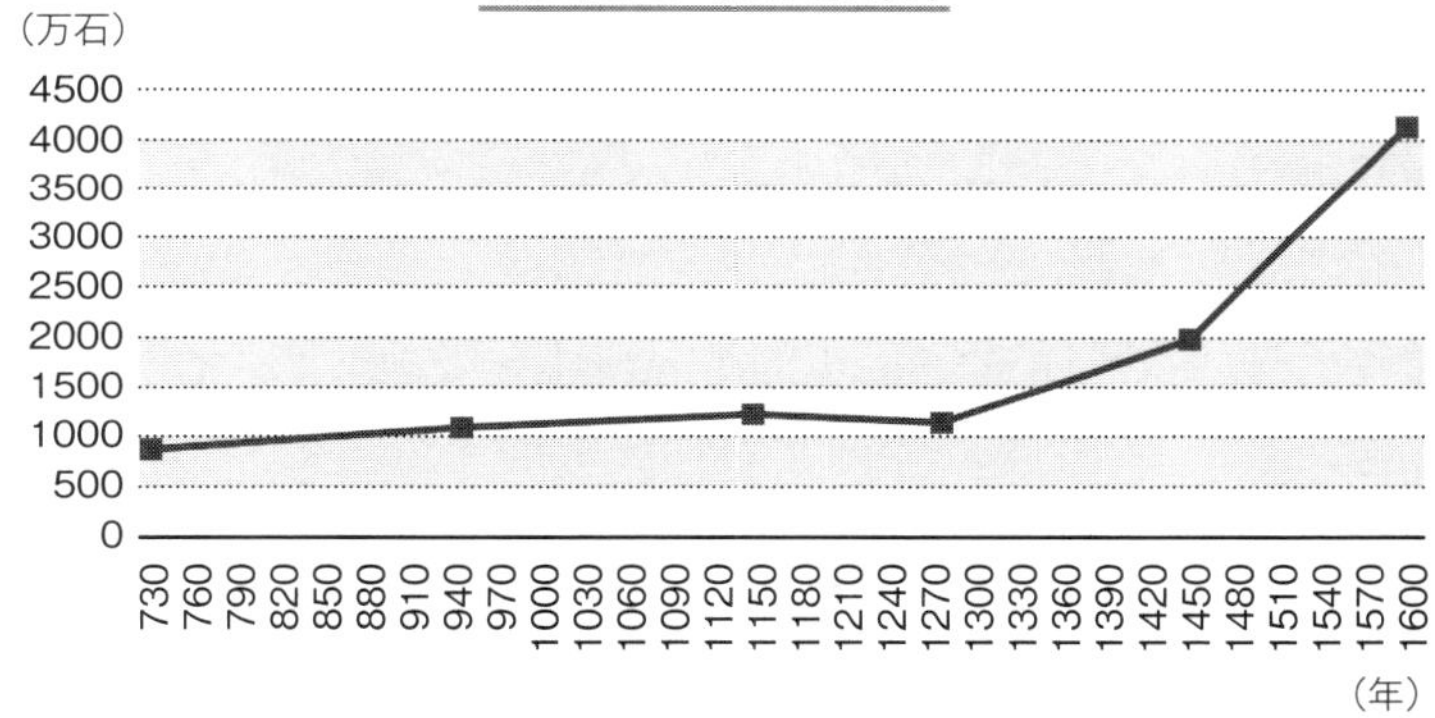

出典：高島（2017），P265，系列１より作成

とができる組織が、平安時代以上に、弱体化したこと、土地に関する権利の保全が不十分になった影響も大きかったのではないだろうか。

鎌倉期の統治は平安後期以上に分権的である。朝廷の力は、荘園制のさらなる拡大と鎌倉幕府の勢力伸長の両面から削られていった。一方の鎌倉幕府は、御家人《ごけにん》に所領支配を認めるかわりに幕府への軍役や一定の年貢等の納付を求めるというもので、中央集権的な方向性は全く感じられない。

法制度も統一的な制度によって行われていたとは言えない。中央政権の法と各地域の法、業界ごとの法が併存するというのが中世の法制度の特徴でもある。荘園内の司法権は荘園領主である貴族・寺社に、荘園領主同士

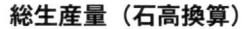

の裁判は朝廷に、御家人が当事者となる事案についての裁判権は幕府にあるという非常に複雑な制度である。

そもそも、当時は当事者間のもめ事を裁定すること自体が「徳政」であり、権力者が施す特別な恩恵と認識されていたことからも、その統治の不完全さがうかがい知れる。この司法・裁判制度の「緩さ」は同時期の経済——なかでも債務・債権関係を考えるうえで重要な要因となる。

ちなみに、経済の基本的なシステムとも言える長さや重さなどの単位——度量衡も各地でまちまちになっていった。天候・疫病・戦乱といった悪条件に対して、過度に分権化された統治機構では有効な対応をとることができず、それが経済の停滞に拍車をかけたのではないだろうか。

◉衰退の中世と繁栄の中世

分権化が経済停滞をもたらしたことを強調しすぎると、中央集権的な政府、さらに言えば権限や財政規模の大きな政府による経済運営こそが成長の源であると主張しているかのように誤解されるかもしれない。それもまた誤りである。

「停滞の中世」の直後、南北朝期・室町期に入ると人口増加と経済成長は再び加速を始める。生産量の推計だけでなく、同時期から村落や（直接の食料生産を行わない）都市の規模が大きくなり始めていることからも経済水準が向上していたことがうかがわれる。室町幕府の統治は鎌倉幕府同様、非常に分権的である。戦国期の多くの時期に至っては言わずもがなであろう。

室町期の総生産（ＧＤＰ）の成長率は年平均０・３３％、さらに戦国期に至っては０・４８％と江戸期に匹敵する成長を遂げている。これは他国と比較しても、もちろん前近代社会に限定しての話であるが、明確な高度成長と言ってよい。「停滞の中世」から「繁栄の中世」へと移行した理由はどこにあったのだろうか。

この大きな問いに直接答える材料を筆者は持ち合わせていない。しかし、同時期に顕著であったのが金融業の拡大であることには注目しておく必要があるだろう。全国的な統治機構や経済的支配力を持たない室町幕府において、その財政は金融業者への課税によって支えられていた。もっとも、当時の金融業に全国的な経済成長を牽引《けんいん》する力があったと想定することはむつかしい。すると、同時期に経済成長を可能にし、並行して金融業という新たな産業の興隆を支えた「何か」があったはずだ。

本章では、中世における（広義の）貨幣のありかたを通じて、貨幣の役割を考える。その中でその「何か」の影を垣間見《かいまみ》ることができるかもしれない。

2 銭なき時代から貨幣の機能を考える

平安期半ばより、皇朝十二銭——つまりは政府による鋳造銭は交換の仲介手段としての地位を完全に失った。銭のない時代の到来である。同時期に交換の仲介を果たしたものは稲・布（麻布など）・絹といった商品であった。しかし、ここでもうひとつ注目しておかなければならないものが、同時期に限定的とはいえ貨幣的な役割を担った切符《きりふ》だ。

●信用経済は現金経済に先行する

切符（切符系文書）とは政府・地方行政官（国司《こくし》等）、さらには寺院・幕府などの組織が発行した命令書の総称である。そのなかで、稲や絹・布の支払いや所領に関する命令書は特別の意味を持ちうる。

例えば、朝廷が行政費用調達のために越後国《えちごのくに》の国司に対して稲の納入を求めたとしよう。このとき、越後国司は朝廷から「越後国は稲〇〇を納付せよ」という切下文《きりくだしぶみ》をうける。しかし、この命令に文字通りに従う必要はない。

平安時代後期の国司の多くは任地に実際には赴任していない。実際の地方統治や徴税は代理人や現地の有力者に委任し、自身は都に居住した。都や近郊にある倉庫に国司自身が稲を備蓄しているならば、そこから稲を国庫に搬入して命令を果たす方が手間がかからない。むしろ都の周辺で購入した方が安くあがるということも多いだろう。越後国への納税命令であるが、稲そのものが越後国から都へ輸送される必要はないわけだ。

一方で、国司は任地に対して商品の輸送や人事・所領関係の命令を伝える。これが（国司）庁宣《ちょうせん》である。この庁宣もまた今日で言う為替送金の役割を果たしうる。

例えば、都に在住する国司からの注文に応じて商品を納入した商人がいたとしよう。銭のない時代に納入先から直接代金を受け取ることは簡単ではない。納入先に商品の対価として丁度よいだけの稲や布があるとは限らないからだ。このとき商人は販売先の貴族からの庁宣を受け取り、それを地方の備蓄倉庫に持参して稲や布などを受けることになる。

当然ながら、稲・絹・布といった商品貨幣の持ち運びには手間がかかる。越後国の商人が特産品を都の貴族に納めたとき、その代金として都で稲を受け取るのでは輸送の手間が大きくなりすぎるだろう。このとき、越後国衙《こくが》（地方行政機関）宛の支払い命令書を発行し、実際の支払いは越後で行うことができたならば取引の利便性は大きく向上することになる。

もっとも、切符系文書の機能が商品の受け渡しが行われた場所以外で支払いを受けることができる――というものだけであれば、それを「貨幣的な役割を担った」とは言えない。遠隔地での商品受取を可能にする物流面での技術進歩に過ぎない。しかし、渡来銭が新たな貨幣として登場する以前、銭のない時代である院政期に、切下文や庁宣といった切符系文書は単なる指示書以上の役割を担っていたようだ。

書面上の受取人、先の例では特産品を売った商人以外の第三者が財物を受け取ることができるようになると、切下文や庁宣は今日で言う約束手形のような役割を果たすことになる。越後国衙への稲の支払い命令書を商品代金として受け取り、それを越後国衙で稲を受け取りたいと思っている第三者への支払いに用いることができるようになるからだ。

このような分離が一般化すると、支払先（つまりは書面上の受取人）が越後国ではなく都の商人であったとしても、越後国衙宛の庁宣を支払い手段として利用することができるようになる。汎用性のある支払い手段という性質は貨幣のそれに近い。

院政期にあたる12世紀には庁宣の割引（額面よりも金利や手数料分低い価格で手形や債券を売却すること）が盛んに行われていた。例えば、稲１００束の支払いを命じる庁宣を稲90束で売ることができた。ここから、庁宣のような切符が銭なき時代の貨幣の役割を担っていたことをうかがわせる。一種の手形という信用通貨が金属貨幣に先行しているのだ。物々交換の中から貨幣経済が生まれ、貨幣経済の成熟から信用取引が生まれるという単線的な発展論は誤りであることがここからも理解されよう。

しかし、この切符系文書がより一般化する形で信用貨幣経済が誕生することはなかった。切下文や庁宣自体はその後も継続的に発行されているが、それが人から人へと流通した形跡は13世紀以降ほとんどなくなってしまう。それにかわって登場するのが渡来銭である。ここから、より利便性の高い銭貨にその役割をとってかわられたという解釈も可能だろう。しかし、なぜ自国鋳造の貨幣でも切符でもなく渡来銭だったのだろう。

この問題を考える準備として、切符系文書が貨幣的な役割を果たし得た理由から考えてみよう。

平安中期以降、大規模荘園制が一般化することで貴族の興味関心が国政から「家政」へと移っていく。第1章ではこれが皇朝十二銭の衰退と退場の一因であるという仮説を示した。この荘園の拡大と並行して進んだのが国司の権限強化である。国司は任地から一定額の税を朝廷に納める義務を負う他は自由な統治、つまりは中央が定めた以上の収奪が可能となった。これを国司請負制と呼ぶ。

朝廷からの切下文や国司からの庁宣は国家（国司庁宣の場合は地方行政機関）の債務証書

であり、その書面を持参すれば朝廷や国衙からなんらかの財物を受け取ることができるという債券である。

債務・債権関係が支払い手段として機能するための条件は2つある。**ひとつは債務の履行、つまりは借金の返済を強制することができる法の支配が信頼できるものであること。そしてもうひとつは、債務者が実際に返済を行うだけの経済力を有していることである。**

平安時代の後期、なかでも院政期には、荘園制と国司請負制の併存が安定的な支配体制となっていた。だからこそ、国司請負制による徴税に基礎を置く税金クーポンが貨幣的にふるまうことが可能となっていた。

しかし、12世紀の末になり、朝廷が主導する社会・経済体制は急速に動揺するようになる。鎌倉幕府の成立によりその傾向は加速し、承久《じょうきゅう》の乱（1221年〈承久三年〉）によって朝廷の支配力低下は決定的となった。すると、朝廷による直接・間接的な徴税権に基礎を置く税金クーポンの通用性は大きく低下せざるを得ない。

一方の鎌倉幕府の支配も全国的なものとは言えず、その統治方法も非常に分権的なものであったことは前述の通りだ。すると、**平安末期から中世前期にかけての日本は「多くの人が信頼することができる債務者」が存在しなかった時代だということになる。**

●債権者がいない負債

ここで視点を現代におけるローン、さらにはマクロの経済に転じてみよう。

私たちが銀行等からローンの借り入れをするとき、その借入限度額は私たちの生涯所得(の予想値)によって決定される。銀行はローンの申し込み客があと何年間、年何万円を稼ぐことができるかという予想に基づいて貸付可能額を算出するわけだ。現時点での年収が高額だとしても、将来の失業・所得低下のリスクが大きい場合には借入限度額は小さくなるケースが多い。

さらに、「本当は将来にわたって十分な額を稼ぎ、負債を返済する能力がある」としても、それを金融機関に納得させるだけの証拠がない場合にも大きな額の融資を受けることはできない。

「将来にわたって十分な額を稼ぎ、負債を返済する能力がある」経済主体がなんらかの理由で借り入れによる支出を行うことができないとき、経済は縮小していくことになる。

これを企業のバランスシートを用いて体系的に論じたのが、元FRB議長のベン・バーナンキ(Ben Bernanke)によるフィナンシャル・アクセラレーター・メカニズムである。

企業の資産と負債の差額を純資産と言う。1億円の土地と7000万円の負債のある企業の純資産は3000万円だ。純資産は今日企業を清算（解散）したら手元に残る金額という性質を持っている。そのため、純資産が大きいほど金融機関からの融資は受けやすくなる。また、いざ解散しても十分な資金が手元に残るという状態ならば、消費・投資にも前向きとなるだろう。そのため、資産価格が上昇すると（負債額は変化しないため）純資産が大きくなり、企業の投資活動はさらに活発化する。資産価格が下落した場合にはその逆である。

その気になれば借り入れできる——負債をかかえることができるという状況は、それ自体が大きな価値を持つ。言い換えるならば、「将来稼ぐことができるであろう所得」について「他者の（金融機関等の債権者の）理解を得られる」ことは大きな資産であり、負債はこの目に見えない資産を現金化する行為であるとまとめることができよう。

一方で、貨幣の問題を考えるときに重要になるのは私企業の資産・負債ではなく、政府のそれである。政府の資産や負債、そして負債の限度額はどのようにして定められるのだろう。直接的に土地やその他の資産を持っていなくとも、**政府には大きな資産がある。それが「徴税権」という資産だ。現在から将来にわたり民間経済から合法的に財物を徴収する権利・権力こそが政府最大の財産である。**ここから、政府の借入限度額は今後得られるであろう税収の大きさに左右されることになる。

徴税権に限らず、土地や建物といった現物資産ではない資産、つまりは金融資産には大きな特徴がある。それは誰かの資産は誰かの負債であるという性質だ。政府最大の資産である徴税権は民間から見ると「将来にわたって一定額の税金を納めなければいけない」という負債に他ならない。

ここまでは会計上の恒等式である。しかし、現実には「徴税権という資産」と「徴税権という負債」の間には非対称性がある。

ある国司の「任国からの徴税権という資産」の評価額はその国司が在任中に稼ぐことができる財物の量から決まるだろう。もちろん同一国の国司を複数回拝命することもあろうが、永遠の徴税権を保有するものではない。

そして、徴税権という資産への制約は固定的な任期や個人の寿命によるものだけではない。ある地域で朝廷に任命された国司や荘園領主の貴族が有していた徴税権は、あるとき幕府に任命された地頭《じとう》のものになってしまうかもしれない。

支配機構が分権化し不安定な状態では、現時点で徴税権を持っている者・組織がどの程度の未来までその権利を確保し続けているのかは不確実だ。

一方で、税を徴収される側から見るとどうだろう。現地の地主や農民が負う税金という負担は支配者がかわってもなくなることはない。最終的な納税先が朝廷になろうと幕府になろうと、戦国大名になろうと税金を納めなければならないことに変わりはない。

民間が負う「徴税権という負債」は今後永久に続くであろう納税額の割引現在価値となる。一方で、現在の政権が持つ「徴税権という資産」はその政権や権力者の支配が継続する期間に限定された徴税額の割引現在価値である。その結果、民間の徴税権負債は政府の徴税権資産よりも大きくなる。そしてこの乖離《かいり》は、現時点での支配が不安定になるほどに拡大していく。

●資産と負債の割引現在価値

なお、割引現在価値という単語になじみがない方もあるだろう。異なる時点間で価値を比較する際、経済学では割引現在価値計算という手法を用いる。今後10年にわたって毎年100万円得られる債券・債権の現時点での価値は1000万円ではない。

今日100万円もらうのと、1年後に100万円もらうのとどちらがよいか考えてみてほしい。ほとんどの人は今日もらった方がよいと感じる。将来（例えば1年後）の100万円の現時点での価値は100万円より低い。将来の収入を少々割り引いて現時点での価値に換算したものが割引現在価値である。

1年後に100万円をもらうのと、今90万円もらうのが同じ価値だと感じるとき——

つまりは1年後の100万円の割引現在価値が90万円であると言うとき、その人の割引率は年10％と表現される。このような割引率を用いて将来の各時点の所得を現時点での価値に直し、それを足し合わせたものが将来所得の割引現在価値である。ここに不確実性が加わると割引率はさらに大きくなる。1年後の確実な収入が10％割り引かれる状況では、1年後に50％の確率で得られる100万円の割引現在価値は45万円以下になるだろう。

ここで、負債・資産としての徴税権を考慮した民間部門と政府部門の経済学的な意味での資産状況を考えてみよう。ここであえて「経済学的な」と前置きするのは、明確な契約のある場合のみ資産・負債として計上する会計上の純資産とは異なる概念のためだ。「誰かの負債は別の誰かの同額の資産」であるため、民間同士の資金の貸し借りは民間経済主体全てを合算すると相殺されてしまう。したがって、民間部門を合算した資産は土地や建物、生産設備、中世であれば政府負債としての性質を持たない銭貨の合計額になる。これをひとまず実物資産と呼んでおこう。簡単のために政府は実物資産を持たず、海外との取引もないとすると、

民間部門の純資産　＝　実物資産　＋　政府負債　－　徴税権負債

政府部門の純資産　＝　徴税権資産　－　政府負債

となる。政府負債は民間部門にとっての資産であることに注意されたい。政府負債は文字通りの政府への貸付・国債の場合もあろうし、時代によっては税金クーポンたる貨幣というケースもあり得るだろう。さらに、現代の国家であれば、今後予定されている行政サービスや社会保障給付も政府負債（であり民間にとっての資産）として計上するべきかもしれない。

ここで両式を合算して、一国全体の純資産を計算してみよう。式の中の政府負債は民間・政府を合算すると消えてしまうため、

一国の純資産　＝　実物資産　－（徴税権負債－徴税権資産）

となる。政権の安定性が高く、高い確度で将来の税収をその政権の資産としてカウントできる場合には「徴税権負債－徴税権資産」の項は0に近づいていく。このとき、一国経済の純資産は国内にある土地や建物といった実物資産の総額というごく当然の結論になる。

一方で、政府資産としての徴税権の価値が低く、民間負債としての徴税権との差が大きい場合にはその限りではない。「徴税権負債－徴税権資産」が大きくなると、一国の潜在

的な経済力とも言える純資産は小さくなっていく。

その名前が何であれ民間に対して徴税という名の負担を強制する抽象的な政府と、朝廷や特定の権門・幕府といった個別具体的な政府は異なる存在だ。いわば、徴税権負債と徴税権資産の差額は「債権者がいない負債」である。政権の安定性がこの「債権者がいない負債」の大きさを決定する。

企業のケースでは純資産が大きいことは借り入れを容易にすることを通じて、投資の活発化につながる。家計であれば純資産が大きいこと、例えば、住宅などを処分してローンを返済しても手元に資金が残る状態は経済的な余裕をあらわすだろう。経済的な余裕は消費等の支出を生む。

一国経済においても、この経済学的な意味での純資産の多寡は経済活動水準に大きな影響を与える。大きな純資産は活発な消費活動を生むだろう。一方で、小さな純資産の下では人々は節約と貯蓄に励むことになり、経済活動の水準は低位にとどまることになる。

◉貯蓄手段の渇望

現代に生きる私たちが、日本の、または自分自身の将来に不安を感じているとき、稼いだ所得を消費しようとするだろうか。多くの人は貯金に励むことになる。保有資産や今後予想される所得に対して負債が多いというとき、誰もが消費よりも負債の返済を優先するだろう。民間経済主体の多くが消費よりも貯蓄・返済を優先するようになったとき、一国経済の全体では興味深い現象が起きる。

金融資産は誰かの金融上の負債、つまりは借金である。誰かが金融資産を増大させるためには誰かが負債を増やさなければならない。マクロの経済において、金融資産の増加と金融負債の減少を同時に達成することはできない。このような不均衡が生じたとき、通常の財・サービスであれば価格が変化することで需要と供給が一致するということもあるだろう。

しかし、金融市場ではこのような価格調整プロセスが十分には働かない。どんなに貸したい者が多く、借りたい者が少なくても金利はマイナスになることができない。この利子率の下限は現実の世界ではゼロよりも高くなる。回収不可能になるリスクや管理・回収のコストを勘案すると、一定の水準よりも貸付金利を下げることはできない。

貯蓄とは形は何であれ、資産を増加させる行為のことである。近代以降の社会であれば、金融資産以外の資産の存在に問題解決の糸口がある。金融資産の利回りが低くなると、その他の資産への需要が増大する。つまりは、実物資産——工場の新設や研究開発投資による特許・新技術の獲得といった金融資産以外の資産獲得を活発化させるのだ（これら実物資産の利回りまでもが極限まで低下している場合にはその限りではない)。景気が悪化したときには金利を引き下げるべきだという、標準的な金融政策理論はこのチャネルが機能することに期待して行われる。

実物資産の蓄積は長期的な経済成長の源泉である。したがって、貯蓄意欲の高まりは悪いことばかりとは限らない。実物資産――生産のための工場や研究開発による技術は、全員が同時に増加させることができる。そのため、より多くの資産を保有したいというみなの貯蓄欲求を同時に満たすことは不可能ではない。

しかし、前近代社会において経済全体での実物資産の総量を拡大することはむつかしい。工場もなければ、知的財産権もない。前近代社会における実物資産の代表は土地、なかでも田畑である。

実際、中世の成立期である平安末期には大規模な開墾が行われており、鎌倉期には水田技術や農具の普及といった領域内の農地の生産性を高める工夫が見て取れる。

しかし、農業の総生産高という観点からは中世前期(1150年~1280年)の農業生産高はむしろ停滞していたと考えられる。天候か、内乱か、また別の要因によるのか、同時期に行われた開墾や農地の生産性向上への投資は、貯蓄への欲望の受け皿にまではなっていなかった。

つまりは、開墾等は十分な収益性が期待できる実物投資ではなかったことが示唆される。これには、当時の、なかでも中世前期の土地取引において永代売買《えいたいばいばい》（売買された土地は永久に購入者のものになる）という意識が希薄であったことの影響も大きいのではないだろうか。売却が困難であることは資産としての価値を低下させる。

このような状況で、**民間経済に貯蓄手段・資産を提供できる可能性を持っているのが政府である。政府には政府負債の形で民間にとっての金融資産を発行できる。**前章でも言及した「税金クーポン」としての貨幣は政府負債＝民間資産の典型的な例であろう。しかし、平安後期から室町時代にかけての政府は大規模な負債発行を行っていない。

これを「できなかった」のか「やらなかった」のかについては判断が分かれるところであろう。しかし、少なくとも鎌倉期までは「できなかった」という可能性が高いのではないか。院政期のまがりなりにも安定的な土地支配体制は源平動乱を経て不安定化していく。

その中で、我が国には複数の系統を異にする支配体制が出来上がっていく。朝廷による支配であり、荘園における大貴族・寺社の支配であり、守護《しゅご》・地頭を通じた幕府の支配である。政府負債が資産としての価値を持つのは、より単純に言えば、政府が借金をできるのは、政府がそれをスムーズに返済できると民間が考えるときに限られる。この中で、一国の「貯蓄への欲望」を満たすだけの負債を発行できるだけの信用力を持つ政府は存在しなかった。

　民間経済が貯蓄手段を渇望する中で、その新たな手段として受容されていったのが宋銭・明銭といった渡来銭だったのではないだろうか。十分な収益率を期待できる実物資産がなく、信頼できる政府負債の発行が行われない中で人々の需要は貨幣に向かった。

3 中世銭貨はいかにして貨幣となったのか

　主に北宋（９６０年〜１１２７年）、南宋（１１２７年〜１２７９年）、明（１３６８年〜１６４４年）で鋳造され、日本国内で流通した銭貨は渡来銭と呼ばれる。ちなみに、元（１２７１年〜１３６８年）は銭貨をほとんど発行していない。ただし、のちには中国国内の偽造貨幣、日本国内で私鋳された銭も貨幣としての役割を果たすようになるため、同時期の貨幣全体を指す場合には「渡来」銭ではなく、中世銭貨と呼ぶ方が適切だろう。

　中国貨幣の本格的な流入が始まるのは12世紀半ばである。史料の上では、１１５０年（久安《きゅうあん》六年）に土地取引記録に１５０年ぶりに銭が登場する。最後の皇朝十二銭である乾《けん》元大宝《げんたいほう》の発行から200年を経て、日本は再び鋳造された貨幣を用いる経済に突入したのだ。

●商品説から生まれ法制説によって成る

なぜこの時期に日本国内に中国銭が流入したのだろう。かつては、宋との間の交易で決済手段として宋銭が用いられ、その結果として日本国内に宋銭需要が生まれたと説明されることが多かった。

しかし、同時期の宋との貿易は金や銀の地金《じがね》で決済されていたようだ。加えて、中国大陸との民間貿易は遣唐使中止(894年〈寛平六年〉)以降も続いており、同時期に急に中国銭の国内使用が拡大した理由としては不十分だという指摘もある。

現在ではむしろ貨幣以外の用途で日本に持ち込まれたと考える研究が注目されている。なかでも、貿易船のバラスト(船を安定させるための重り)として持ち込まれたという説は興味深い。日宋貿易における輸出品である金や硫黄に対し、主な輸入品である陶磁器の比重は軽い。**大陸からの帰途に船に陶磁器を満載しただけでは軽すぎて船が安定しないため、底荷として宋銭が用いられた**というのである。

また、銭としてではなく、銅そのものとして用いられたという説も有力だ。鎌倉大仏の原材料は宋銭であると言われる。宋銭と鎌倉大仏はともに銅70％弱、鉛20％、スズ10％ほどの組成となっており、両者の類似を偶然とすることはできないだろう。

同時期の日本国内では銅地金の価値が金・銀やその他の商品に対して非常に高値になっていたとする指摘もある。その原因としては、国内銅山の枯渇や仏教信仰の広がりによって仏像・仏具原料としての銅需要が増大したことなどが考えられる。

当初の宋銭は銅製品の原材料として輸入されたたというわけだ。さらに、宋で発行されていた鉄製の銭や1枚で5枚や10枚の価値を持つ大型の銭（大銭《おおぜに》）が日本国内で発掘される銭の中には少ないことからも、銅地金説は説得的である。銅の量が重要なのだから、その額面価値に比べて金属としての価値が低い大型銭は銅そのものを求める日本国内の商人にとっては非効率的な商品である。

バラスト説にしても、銅地金輸入説と排他的なものではない。船底に積む重りが必要だとしても、全く無価値な物よりはそれ自体が日本国内で価値を持つ物を用いた方が効率的である。

これらの説にしたがうと、我が国における初期の渡来銭は第1章で述べた無文銀銭《むもんぎんせん》や第2章での稲や布といった商品貨幣に近い性質を持っていたことになる。

一定の重量の銅の持つ価値が裏付けとなっているならば、権力による強制や政府負債としての役割なしに流通したことは不思議ではない。定型化されていることで取引の際の仲介手段として利便性が高かったことから、渡来銭が次第に貨幣としての役割を果たすようになったのではないだろうか。渡来銭が「無限の循環論法」にのぼるための梯子は商品としての価値であったのかもしれない。

渡来銭の供給が増えたきっかけは、宋が金に敗れ、中国北部の支配権を失った靖康《せいこう》の変（1126年）に求められる。宋は中国の歴代王朝の中でも最も大量の銭貨を鋳造した王朝である。あまりにも大量に銭を発行したことから、銅銭の価値が銅そのものよりも低くなることがあり、その時期には銭を鋳つぶして銅に換える行為が横行していたという。華北を金に占領され国土の多くを失った南宋で、銅銭というよりも銅そのものが重要な輸出品となったことは想像に難くない。

一方の金は、華北の占領によって莫大な量の宋銭を手に入れることになる。一説では金が北宋の首都であった東京開封府《とうけいかいほう》（現在の河南省開封市）を占領した際には1000億枚の銭貨を収奪したという。これは当時世界最大の経済大国であった北宋160年間の銭貨総発行数の3割を超える枚数だ。占領時の押収は開封のみで行われたわけではない。これは金の経済規模にとっては過大な貨幣量である。だぶついた銭貨が安価に流出し直接・間接的に日本に向かったことは想像に難くないだろう。

需要と供給の両面に支えられて、日本国内の渡来銭の量は増加していった。平氏政権の積極的な日宋貿易はそれに拍車をかけていく。広がる渡来銭の使用に対し、朝廷はその対応に苦渋することになる。

当時の朝廷は徴税の際の基準として絹を用いていた。もっとも、実際の納税が絹で行われる必要はない。納税の際の主要な商品の換算率は沽価法《こかほう》によって定められている。この換算レートにしたがって、絹の量で示された税額に相当する財物を納めればよい。

商品貨幣と一口に言っても、当時の商品貨幣は物々交換の発展形という第2章の貨幣商品説の論理のみに支えられたものではなく、商品そのものが法定貨幣でもあるという二重の性質を持っていた。このとき、納税手段として公的に認められることで貨幣としての性格をあわせ持った商品――絹の価値は、その性質を持たない場合よりも高くなる。

ここに新たな貨幣である渡来銭が登場すると何が起こるであろう。渡来銭と競合することで絹の価値が低下することになる。

すると、絹を基準として朝廷に納入される税（絹やその他の商品）の実質価値が減少する。税収を用いて購入することのできる財・サービスの量が減ってしまう。朝廷の立場に立つならば、渡来銭の普及を防ぐのはひとつの合理的な判断とも言えるだろう。

しかし、渡来銭輸入の中心である平氏の勢力が強い中で、銭貨への規制を強化することは容易ではない。さらに、平氏と対立した後白河《ごしらかわ》法皇も銭貨に容認的であったとする説もある。そのため、後白河法皇の崩御翌年の1193年（建久《けんきゅう》四年）に朝廷はようやく銭貨禁令を出すことになった。以降、朝廷・幕府ともに公的には渡来銭を銭として認めることはなかったが、その流入と普及に逆らうことはできなかったようだ。

このような状況の中で、1210年には金が国内での銭貨使用を禁じ、紙幣を中心とした貨幣制度に移行する。これにより渡来銭の流入はさらに拡大したことだろう。1225年（嘉禄《かろく》元年）には朝廷の利息制限令に銭出挙《ぜにすいこ》（銭による貸出）への言及が登場し、翌年には幕府が絹での取引をやめて銭を用いるよう命じるなど、渡来銭は公的にも貨幣として認められていく。

これを契機に13世紀後半には近畿における土地売買では銭単位での契約が主流になり、地方における納税にも銭が用いられることが多くなっていった。その過程で、銭貨価値は銅地金としての価値を上回るようになっていく。渡来銭は名実ともに日本における基軸通貨になったのだ。

◎不足する銭とデフレーション

収益性のある実物資産の不足は新たな貯蓄手段への渇望を生み出す。中世の日本において貯蓄への欲望の依《よ》り代《しろ》となったのは銭貨であった。

現代においても類似の現象は観察される。設備投資や研究開発投資に十分な収益性を見込めない状況で、企業や個人が貯蓄・投資の欲求を土地の購入によって満たそうとしたとき不動産バブルが発生する。開墾への投資とは異なり、現代の土地投資（購入）は実物資産の増加には当たらない。単なる所有者の変更である。そして、その欲求を貨幣によって満たそうとしたときには貨幣価値の増大――つまりはデフレが発生することになる。

現代の貨幣制度の下では、デフレは政府負債への需要集中を意味している。デフレを回避したいと考えるならば、より多くの政府負債を発行すればよいということになるだろう。しかし、**中世貨幣は政府負債ではない。その供給量は中国の事情によって決定される。**

北宋・南宋で鋳造された貨幣の1割以上が日本国内に流入したとの推計もある。しかし、かくまでの大量の銭貨の流入もなお、人々の需要を満たすのに十分ではなかったようだ。元はもとより、その後に続く明においても北宋ほどの量の貨幣鋳造は行われなかった。そのため、14世紀に入ると銭貴現象と呼ばれる銭価値の上昇が続く。銭価値の上昇とは、銭ではかった他の財物の価格低下である。1300年頃に1升15文ほどだった米価は1400年前後にはその半値以下になっている。人々の銭に対する需要は大きく、その結果として銭の価値は上昇を続けた。投資家の立場から考えると、当時、銭ほど儲かる投資対象はないということになるだろう。

長きにわたり出土銭貨研究をリードしてきた鈴木公雄によると、銭貨を土中に埋めるという蓄財の方法——備蓄銭の習慣は1300年前後に始まったとされる。

値上がりが予想できる銭貨を使ってしまうのはもったいない。多くの資産家がそう考えて銭貨を退蔵することで銭貨はさらに不足していく。不足により、当初の予想の通り銭貨の価値が上昇する。このような自己実現的な予想が成り立つことは、今日的な意味でのバブルの条件のひとつである。

鎌倉幕府・建武の新政・室町幕府と権力が移り変わっていった14世紀は銭貨バブルの状況にあったのかもしれない。その前半はまさに政権が不安定化し、戦乱が続くことで信頼できる債務者、そして収益性ある実物資産に乏しい時期である。さらに想像を広げるならば、貯蓄手段の不足によって銭貨の価値上昇が始まり、価値上昇が続くこと自体がさらなる需要を生み出すことでさらなる価値上昇に至ったのではないだろうか。

日を追うごとにその価値を高めていく銭貨。このような状況の中で、当時の政権はなぜ自身が貨幣を鋳造しようと考えなかったのであろう。

朝鮮半島では民間経済での銭の利用が広がらなかったにもかかわらず、貨幣を鋳造し、日本に輸出している。ベトナムにおいても中国からの銭の流入が減少すると銭を自国で鋳造するようになった。やや時代は下るが15世紀には琉球《りゅうきゅう》においても銭の鋳造が始まっている。現存する「宋銭」「明銭」とされる銭の中に国内での模造品が相当数含まれているという指摘もある。技術的に渡来銭に匹敵する銭を鋳造できなかったわけではない。にもかかわらず、古代において中国を除くと東アジアで唯一の銭鋳造を行っていた日本の政府が、銭の自鋳を目指さなかったのは非常に不思議である。

例外としては、後醍醐《ごだいご》天皇による改銭の詔《みことのり》（1334年〈建武元年〉）があるが、詔の中に登場する「乾坤通宝《けんこんつうほう》」という銭や「楮幣《ちょへい》」という紙幣が実際に発行されることはなかった。鎌倉幕府崩壊の翌年、その実効的な支配力が未知数の状態で政府負債という性質を持つ官鋳銭を発行してもうまくは行かないだろう。紙幣はなおさらである。その意味で後醍醐天皇の官鋳銭計画の頓挫は不自然なことではない。不可解なのは室町時代の最適期とも呼ばれる14世紀後半から15世紀半ば――義満時代から応仁の乱以前にかけて、なぜ室町幕府は貨幣を発行しなかったのかという問題である。

かつては、日明貿易による明からの銭貨輸入を独占していたために自身で銭を鋳造しているのと同様の貨幣発行益を得ることができた――つまりは自国鋳造する必要がなかったと説明されることがあった。

しかし、現在発掘されている備蓄銭の8割ほどは北宋・南宋発行の銭である。さらに、明は建国当初より、鈔《しょう》（紙幣）を基本貨幣としており、銭貨の使用禁止令を出したことさえある。そのため、永楽通宝《えいらくつうほう》発行（1411年鋳造開始）までは日本に輸出する銭そのものがほとんどなかったと考えられる。さらに明側の記録を見ても遣明船に下賜された銭貨の量は当時の貨幣流通量に比べて非常に少なく、貨幣発行益を得られる規模ではなかったと判断するのが妥当だろう。

なぜ大きな利益をもたらしたであろう銭の官鋳を行わなかったのであろう。貨幣発行権は天皇に属する大権であり幕府にその権限がなかったとの説もあるが、主因であったとするのはむつかしい。国内でも渡来銭を模した銭の私鋳（密造・偽造）が横行しており、幕府もそれを取り締まっていないことから、貨幣発行大権という発想が当時もあったものかには疑問が残る。

この疑問に対する鍵は、室町幕府の財政制度にあるかもしれない。

日明貿易の中断（1411年〈応永《おうえい》十八年〉）以降、室町幕府の国内における主要な財源は金融業者への課税へと移行する。幕府が貨幣鋳造を本格的に開始し、それを法制度上の貨幣として認めることは貨幣供給量の増大を招く。**貨幣供給量の増大はインフレにつながりやすい。資産家・債権者（ここでは金融業者）にとってインフレは大敵だ。**1貫（1000文）を貸して2貫（2000文）返済されても、その間に物価が倍になっていたら実質的な収益はゼロである。インフレは債権者から債務者へと所得を再分配する効果がある。

主要な納税者の経営を不安定化しかねない政策を避けた、または金融業者が直接・間接に利益供与することで将軍や幕閣、官僚をコントロールした――という仮説はあまりにも現代経済にひきつけすぎた解釈かもしれない。しかし、金融業界で安定的に受け入れられている貨幣秩序を乱すことを怖れたとの理解は可能なのではないだろうか。

●金融業の隆盛と室町時代の最適期

金融業の発展とは、経済に以前より多くの「資金の貸借関係」が存在するようになったことを意味している。**金融負債とは他の誰かの資産である。金融資産とは誰かの負債である。負債を抱える人が増えたのと同時に、より多くの資産が生まれたことに注目する必要がある。**

このような発展の一因として指摘されるのが、金融業者の貸出先の変化だ。中世において金融業者を指す土倉《どそう》という言葉が登場した13世紀には、その融資は荘園領主等への比較的大口のものが中心であった。一方で、地域で農民への小口融資は各荘園の代官が担っていた。春に種籾《たねもみ》の代金を貸し付け、秋の収穫によって回収するという農村金融の歴史は古代にまでさかのぼることができる。しかし、その経営は根本的な問題を抱えている。ある荘園で代官が各住民に小口の融資を行うとしよう。その地域に風水害が発生した場合、融資のほとんどが回収不能になる。地域内に限定して行われる金融活動は、リスク分散ができないため、個別のショックに非常に弱い。なかでも15世紀初頭は天候不順が続いた時期でもある。局地的な天災によってさえ致命的なダメージをうける地域金融の存続は困難であっただろう。

代官による住民への貸し付けにかえて、収穫のサイクルにあわせた農村金融を担ったのが専門的な金融業者としての土倉だ。都市部金融業者である土倉は様々な地域の農民に向けて貸し出しを行うことができる。貸付先を分散すればするほど、不作によりその全てが同時に回収不能となる可能性は低くなっていく。ポートフォリオ分散という金融の基本ロジックにしたがい、金融業は少数の大規模な業者に集積されていくことになる。

貸付先の小規模化と金融業者の大規模化は金融業のさらなる発展をもたらす。中小の農民相手の貸付の回収、なかでも**返済不能時の取り立ては貴族や武士への取り立てよりもはるかにたやすい**。**債権者（土倉）と個々の債務者（農民）の力があまりに隔絶しているからだ**。ここに、貯蓄をする余裕のある資産家層にとって待望の「信頼できる債務者」が生まれる素地が整う。

当時の融資は土地を担保に行われる。返済が滞り、債務が膨らむと最終的には土地からの収穫を得る権利を失って小作人化する。融資先の農民が十分な収穫を得て、利子をつけて返済してくれるならよし。不作により回収が困難ならば土地で弁済させればよい。個々の農民の経営は天候や災害に大きく左右されることもあろう。しかし、多数の、そして様々な地域の農民への貸付をひとまとめにしたもの（ポートフォリオ）は「信頼できる債務者」となるのだ。

一方の、農民にとっては何も良いところはない。むしろ、土地の代官から借りていた時代の方が、個別事情や地域の安定性への配慮から、有利な条件での融資や返済猶予を受けやすかったかもしれない。豊作でも凶作でも取りはぐれのない都市部金融業者とその利益にひたすら貢献する農民——その格差は一方的に広がっていくことになる。

このような格差・分断が１４２８年（正長《しょうちょう》元年）や１４４１年（嘉吉《かきつ》元年）の徳政一揆《とくせいいっき》へとつながっていく。本書は貨幣論をテーマとしているため詳述は避けるが、徳政令の研究は同時代の法制度はもとより経済や社会に関する当時の人々の認識を考えるうえで、これからも中世研究の最重要課題であり続けることだろう。

同時期の格差の拡大、なかでも富裕層への富の集中を示すひとつの証拠が同時期の備蓄銭の動向である。

13世紀の半ば（鎌倉中期）から14世紀半ば（室町初期）にかけて埋蔵されたと考えられる備蓄銭の出土例を見ると、1カ所からの出土枚数は9000枚ほどである。しかし、14世紀末から15世紀——日明貿易の隆盛と中断、その後の金融業の発展がみられた時期には1カ所平均で約4万枚と急激に増大する。全財産の一部が埋蔵され、そのまた一部が偶発的な理由で現代に発見される。これは統計学的にはランダムサンプリング（無作為抽出）に近い性質を有していると言える。ここから、1カ所からの出土枚数、つまりは当時の誰かが蓄財のために埋めた銭の枚数は、当時の富裕層の平均的な資産に比例すると考えられるだろう。**室町時代の安定期にはその前後に比べ、より豊かな富豪が存在したのだ。**

ちなみに、日本国内の銭の総量が増えただけではないかと疑問の方もあろうが、その疑問については後に応えたい。

●さらなる「信頼できる債務者」の登場

農民や地域の貧窮はさておき、安定性をもって金融業を経営することができるようになると、その金融業の発展から新たな「信頼に足る債務者」が生まれる。

寺院が寄進などで集めた銭を祠堂銭《しどうせん》と言う。本来ならばこれは、読んで字のごとく寺院の祠《ほこら》やお堂《どう》の修繕・供養のための寄付金積み立てなのだが、実際には融資に用いられた。

寺院が直接貸し出し活動を行うこともあれば、資金を金融業者に再委託する——つまりは又貸しすることもあった。祠堂銭を商人に預けた際の証文が祠堂銭《しどうせん》預状《あずかりじょう》である。この預状は一定の金額単位で発行され、祠堂銭を預けた寺社でなくとも預状を持参した者ならばいつでも資金を引き出すことができた。持参人払い・引き出し自由という特徴は、今日の譲渡性預金証書に近い。祠堂銭預状を振り出した商人に持っていけば、いつでも現金化できる。

金融業者が寺院に対して発行した預金証書は金融業者にとっての負債である。これは今日の銀行にとって預金が負債であるのと同じことだ。信頼できる債務者が発行した預状をすぐに現金化する必要はない。ここから祠堂銭預状は取引の決済手段として——つまりは貨幣としての機能を持つようになる。今日で言うところの預金通貨だ。

このように金融業が発展し、それと並行して商業の規模が大きくなると、金融業以外からも多くの豪商が生まれるようになる。それに伴って商人間での取引においては、次第に割符《わりふ》を用いた取引が本格化した。割符は今日で言えば手形のようなものだ。割符の使用が活発化してから用いられるようになったタイプの割符（預り文言系割符）はその仕組みが比較的単純であるので、ここに例を載せておこう。

お預かりしました資金のこと、

合計十貫文

右を広瀬の大文字屋が預かりました。この割符を四月以降に持参いただければ、京にて五日以内に記載の金額を進上します。

広瀬　弥左衛門助年

文正二年二月七日

といった形式で記述される（東寺百合文書サ函／173－2を意訳）。

預かり証の体裁をとってはいるが、実際に銭を受け取る者が大文字屋に10貫（1万文）を預けたわけではない。遠隔地で10貫の支払いを行う際に、商人が大文字屋で割符を発行してもらい、それを支払い手段として決済を行ったのだ。

例えば、これを受け取った越前《えちぜん》の商人はどのように行動するだろう。京までの旅費をかけて、割符を現金化することもあったかもしれない。しかし、この割符には受取人のことが全く書かれていないことに注意してほしい。別の商人への支払いにこの割符を用いれば旅費が節約できる。

この大文字屋が信頼できる、つまりは不渡りを起こす可能性の少ない安定した経営の商人ならば、この割符は十分に支払い手段として利用できる。もっとも、割符の信頼性は大文字屋の信用に依拠しているため、このような割符を発行する京都の商人（の経営状態）に関する知識がない者にとって、その利用は容易ではない。

また、その額面も5貫（５０００文）や10貫（1万文）と高額である。当時の熟練労働者である大工の日当が１００文である。10貫といえば大工の数カ月分の収入だ。額面の大きさは祠堂銭預状にも共通する特徴である。ここから、庶民の日常の用途ではなく商人間の大口取引において貨幣として機能したと判断することができる。

ちなみに、13世紀（鎌倉期）には割符の原型である替米《かえまい》・替銭《かえぜに》が登場している。しかし、この制度は商人間で広く用いられた資料がなく、発行者と当初の受取人以外の第三者の間で流通した様子もない。第三者から見ても信頼できる債務者としての富商なしに負債としての貨幣の誕生はむつかしかったようだ。

マネーの量は何が決めるのか

中世における貨幣の歴史が語られるとき、私たちはつい渡来銭やその後の鐚銭《びたぜに》をその中心に据えて考察を進めがちになる。しかし、同時期の決済・資産形成において祠堂銭預状・割符のような一種の信用貨幣が果たした役割もまた非常に大きなものだったと考えられよう。**中世、なかでも室町期の貨幣量（マネーサプライ）は、銭貨量と信用量の合計であることがわかる。**

このとき、銭の量が増えていても、祠堂銭預状・割符の量が減っていれば貨幣量は減少することもあり得る。逆もまた同様だ。

国内の貨幣量はどのように決定されるのか。これは現代経済学においても大きなテーマである。**貨幣量の決定論理については、外生説と内生説の二つの考え方がある。**

中世後期の経済環境に即して外生説の論理を説明すると、それは以下のようなものになるだろう。祠堂銭預状・割符は、その気になれば銭に換えることができるからこそ貨幣としての機能を果たす。銭への換金証券の発行量は銭が多いほどに多くなるであろう。ここから、銭が増加するときには祠堂銭預状・割符の発行残高も増大すると考える。両者は補完的な役割を持っているため、銭が増大すれば信用貨幣を含めた貨幣量もまた増大するというわけだ。

一方の内生説では、両者は代替的な存在であると考える。経済活動が活発な、いわば景気が良い状態では、商売の拡大のための借り入れ需要が増大する。その中で「信頼できる債務者」を探すことは容易であろう。現代であれば、銀行が企業・個人に活発に融資を行うようになる。融資された資金は支払いに用いられることで他の誰かの預金（貨幣）になる。このように、経済環境や商取引の活発さから、社会全体で貯蓄や決済に必要とされる貨幣の量、いわば貨幣需要が決定する。

これを中世の経済に置き換えるならば、貨幣需要に対して銭が不足しているならば、銭の不足を補うように信用取引が活発になるだろう。つまりは、銭のかわりに割符や預状が使われるようになる。反対に貨幣需要がないならば、銭がある程度増加したとしても、その分信用取引が少なくなるだけで貨幣の量は変わらないということになろう。

第2章で紹介した貨幣ヴェール観の別バージョンとして、貨幣の量は実体経済から決定される客体であり、実体経済を動かす主体ではないと主張されることもある。つまりは貨幣は物々交換を覆うヴェールではなく、実体の状態を映す鏡であるというわけだ。

もっとも、現在、中世の銭の総量、信用（貨幣）としての割符や祠堂銭預状の残高を推し量るすべはない。時代が下るにつれて、中国や日本国内での私鋳銭、いわば鐚銭さえも貨幣としての一定の機能を果たすようになる。そのため、通貨の総量の解明は容易なことではない。室町時代の安定期に銭と信用がどのような増減を見せたのかは、経済理論の観点においても、非常に興味深い研究課題である。

ここである条件が整うと、この両説のいずれでもない第三の説が生まれ得る。貨幣内生説は金融資産（＝負債）という信用量を重視している。安定的な経済の中では、企業・個人間の資金の融通、銀行による資金貸出が活発化する。一方で、経済環境が悪化すると資金を借り入れて商売を拡大しようとする需要が減少する。

さらには不況の中で信頼に足る貸出先を見つけることは容易なことではない。このとき、**減少する信用の需要・供給を同時に解決できる――少なくとも解決できる可能性を持つ主体がある。それが政府である。**

景況が悪化する中で、債務を負う力のある政府が存在するならば、政府が借り入れを行うことで社会に政府負債という金融資産を供給することができる。その負債が貨幣と呼ばれるものであるならば、政府による（民間経済から見ると）外からの貨幣供給によって貨幣の総量を変化させ、それによって実体経済に影響を与えることができるというわけだ。

信用経済の終焉とその後の貨幣

室町期の商業・金融業の繁栄は相次ぐ徳政一揆と徳政令、さらには応仁の乱を通じて次第にその勢いを失っていく。

そのひとつの証左もまた、備蓄銭の動向からみてとることができる。15世紀終盤（1475年以降）から16世紀に埋蔵された備蓄銭の発掘例を見ると、同時期の埋蔵銭は1件当たり平均9000枚程度に落ち込む。なお発見件数には大きな変化はない。これは数万枚の単位で銭を備蓄する富裕層の数が減少したことを示していると言ってよいだろう。

さらに、貨幣に近い役割を果たしていた割符もほとんど流通しなくなっていく。割符に関する最後の記録は１５１８年（永正《えいしょう》十五年）のものだが、これは農村商人の団体が「割符を受け取ってはならない」と定めたものである。

応仁の乱（１４６７年〜１４７７年）以降、かつては京都に在住していた守護やその家臣たちは領国に在住するようになっていく。また、当初から任国に在住していた、いわば守護が任命した代官である守護代《しゅごだい》が事実上の支配者となる例も増えていく。直接的な戦乱と権力者の全国への分散によって、京都は経済の中心地としての地位を低下させていくこととなった。

巨大な経済的中心地があるからこそ、その都市規模・経済規模に対応した巨大な商人が存在し得る。応仁の乱以降、「貨幣として機能する負債」を発行するだけの信用力のある商人、つまりは豪商もまた減少していったのではないだろうか。

社会全体での信用量、つまりは金融資産と負債の総量が減少するとき、今日の経済政策論では、政府が負債を供給して、その減少を相殺させる必要があると主張される。つまりは、金融政策によって貨幣という政府負債（かつ民間資産）を供給する、または財政政策として国債という政府負債（かつ民間資産）を供給するわけだ。しかし、**商人の信用に基づく資産＝負債の減少に対し、15世紀末以降の室町幕府にできることはない。政府負債を発行しようにも、それに耐えるだけの信用がなかった**と考えられるからだ。

一方で、民間の、なかでも一定以上の富を持つ階層の貯蓄への意欲が低下したわけではないだろう。将来への不安はむしろ拡大している。減少する貨幣に対して、社会は様々な方法で貨幣量の維持をはかる。

そのひとつが、精銭《せいせん》（主に宋・明から輸入された良質な貨幣）ではない銭、鐚銭の利用である。中国国内で民間が私造した京銭《きんせん》、日本国内で中国貨幣を模倣して鋳造された模造銭、さらには精銭に似せる気すらない何も書かれていない穴あきコイン（無文銭・打ちひらめ）などを総称して鐚・鐚銭と呼ぶ。

これらの鐚銭は当初は納税の際の使用が認められていなかったり、民間の取引の際に受け取りを拒否されることが多かった。しかし、貨幣が不足するにしたがって、これらの鐚銭に一定の価値を認めていく法・慣習が登場する。

その手法のひとつが、納税や取引の際に一定割合までならば精銭ではない銭の混入を認めるというものだ。

その早期の例は、九州から中国地方にまたがる戦国大名である大内氏が１４８５年

皇宋通宝（1039年鋳造開始）

永楽通宝（1411年鋳造開始）

（ともに日本銀行貨幣博物館所蔵）

（文明《ぶんめい》十七年）に出した撰銭令《えりぜにれい》である。同法令では、納税の際には2割まで、商取引の際には3割まで価値の低い銭の混入を認めている。その後も、各地の大名が混入率（支払い総枚数に占める鐚の枚数）を定める分《ぶん》国法《こくほう》を出している。もうひとつの方法が精銭と鐚銭の交換比率を定める方法である。初期の例では、肥後《ひご》の相良《さがら》氏が1493年（明応二年）に黒銭（鐚銭か？）1枚を精銭1／2文に換算するとしている。

余談であるが、大内氏の撰銭令では悪銭として明が発行した宣徳《せんとく》通宝と永楽通宝が名指しされている。永楽通宝と言えば、織田信長の旗印として有名だ。関東の後北条氏においても最も価値の高い銭として様々な価値表示の基準として扱われている。銭不足が深刻化するにつれて明銭も宋銭同様に高い価値を持つ精銭として扱われるようになったのか、もともと好まれる銭と嫌われる銭に地域差があったのかは興味深いところ

無文銭（写真提供／堺市文化財課）

だ。

これらふたつの銭貨増加策のうち、江戸の貨幣制度につながる手法となったのが、基準銭と鐚銭の交換比率を定めるという方法である。様々な大名が銭の種類ごとの交換比率を定めているが、決定的なものは１５６８年（永禄《えいろく》十一年）に京都を制圧した織田信長がその翌年に実施した、金と銭の交換比率、様々な鐚銭と精銭の交換比率の明示だろう。

第1節で示したように、戦国期を通じて経済の規模は拡大している。その結果、精銭である宋銭・明銭はその数が決定的に不足していた。鐚銭を使うことを禁じようにも、「正しい銭」そのものが出回っていなかったのである。結果、信長による撰銭令が出された時期には、価格の表示は精銭だてで行われるものの、実際にやりとりされるのは鐚銭という状況であっただろう。そこに、広範な支配地を持つ織田信長が公式に鐚銭を銭と認めるようになったことで、次第に価格の表示もまた鐚銭の枚数で行われるようになっていく。

早くも１５７１年（元亀《げんき》二年）には奈良での米相場が鐚銭表示になっている。いわば鐚銭が新時代の基準銭となったのだ。江戸期を通じて用いられた寛永通宝《かんえい》（１６３６年〈寛永十三年〉初鋳）の価値はこれら鐚銭の価値を引き継いだ。

一方、不足する銭、困難な信用取引に対応して商品そのものを貨幣として用いる習慣も復活する。そのときに用いられた商品が米、そして金と銀である。このうち、米が貨幣として扱われる状況は、兵糧の調達を必要とする支配者にとっては困った状況である。ある商品が貨幣としても用いられるようになると、その商品の価値は上昇する。織田信長やその貨幣政策を引き継いだ豊臣秀吉の貨幣政策は、米を流通貨幣として用いさせないために行われたという側面もあるだろう。

１５４３年（天文《てんぶん》十二年）の鉄砲伝来以降、戦国大名にとって鉄砲・火薬の入手はまさに死活問題である。海外との貿易において、銭貨、ましてや鐚銭は用をなさない。主要な支払い手段は金・銀となる。おりしも石見《いわみ》銀山では最新式の精錬方法である灰吹《はいふき》法を導入することでその産出量を大幅に増大させていた。石見銀山から輸出された銀が、ヨーロッパ国内の銀量の増大を招き、価格革命（銀ではかった商品価格の高騰）を起こしたことは世界史的な重大事件である。

江戸期にヨーロッパで描かれた世界地図には、江戸や京都にならんで「iwami」の名前が記載されている。大規模な銀の流入によって欧州での銀の価値は低下していく。その結果、銀を基準に税額を定めていた封建領主たちの経済力は低下し、のちの市民革命につながったという理解もできるだろう。

海外との取引需要にも支えられ、銀・金もまた国内での流通貨幣としての地位を獲得していく。これが江戸期における銀貨（丁銀《ちょうぎん》・小玉銀《こだまぎん》）、金貨（小判）の源流である。

貨幣の不足に対して、室町後期・戦国期の社会は政治・軍事的な権力とは独立に様々な方法で貨幣量の維持をはかっていった。まさに必要に応じて内生的に貨幣が生み出される状況になっていたのだ。

地金としての価値を持たない鐚銭が寛永通宝を生み、海外との取引に支えられた商品としての金・銀が小判や丁銀を生んでいく。

複数の貨幣が併存する例として、中世銭貨の流通状況を挙げる論考は多いが、それが貨幣として用いられる根拠を異とする貨幣が同時に用いられたという意味では、江戸初期こそが日本における複数貨幣状況の代表と言えるかもしれない。

第4章

幕府財政と貨幣改鋳

――日本における「貨幣」の完成

	17世紀	18世紀	19世紀
日本	１６０３年　徳川家康将軍宣下をうける １６１４－１５年　大坂冬の陣・夏の陣 １６３０年代　参勤交代制の整備 １６３７－３８年　島原の乱 １６５７年　明暦の大火 １６６３－６５年　寛文令（殉死の禁止など） １６８０年　徳川綱吉将軍宣下をうける	１７０７年　宝永地震・富士山大噴火 １７０９－１６年　新井白石による正徳の治 １７１６年　徳川吉宗将軍宣下をうける １７３２年　享保の大飢饉 １７６７年　田沼意次側用人になる １７８７年　徳川家斉将軍宣下をうける 松平定信が老中首座となる	１８０４年－３０年　文化・文政期 １８１８年　水野忠成老中首座となる １８３３－３９年　天保の大飢饉 １８３９年　水野忠邦老中首座となる １８５８年　井伊直弼が大老となる １８６０年　桜田門外の変
経済・外交政策関連	１６００年　慶長金銀の鋳造開始 １６３３年　海外渡航制限と渡航者の帰国禁止 １６３６年　寛永通宝の鋳造開始 １６４１年　オランダ人を出島に移す １６７１－７２年　河村瑞賢の西廻り・東廻り航路開拓 １６９５年　荻原重秀による元禄の改鋳	１７０６－１１年　宝永の銀貨改鋳 １７１４－２３年　正徳の改鋳・享保の改鋳 １７３６年　元文の改鋳始まる １７６５年　明和五匁銀鋳造 １７７２年　南鐐二朱銀鋳造開始 １７８９年　棄捐令	１８０４年　ロシアのレザノフの通商要求 １８１８年　文政の改鋳始まる １８３７年　天保の改鋳始まる １８４１年　株仲間解散令 １８５３－５４年　ペリー来航・日米和親条約 １８５８年　日米修好通商条約 １８５９－６０年　安政・万延の改鋳

江戸期の日本では17世紀前半から19世紀後半にかけて、260年の長きにわたって対外戦争はもとより、大きな内乱さえも経験せずに安定的な統治が続いた。これは世界史上にも稀有《けう》なことである。安定的な政権の存在に支えられた農村・商工業の発展により、江戸後期において、日本は一人当たりの所得でアジアで最も豊かな地域となった。

アンガス・マディソンによる推計にしたがうと、1820年頃（文化・文政時代）の日本の一人当たりGDPは704ドル（1990年価値換算）である。これは中国（清《しん》）の523ドルを大きく上回るだけでなく、ロシア・ポーランド等の東欧地域とも遜色ない所得水準だ。

1804年（文化元年）の記録では、一膳飯屋を含めた江戸市中の飲食店数は6165軒と言われており、千人当たりの飲食店数は現在の東京23区よりも多い。「五歩に一楼、十歩に一閣みな飲食の店ならざるなし」（大田南畝《おおたなんぽ》『一話一言』）という賑わいは、動力革命なしに到達し得る最大限の繁栄に江戸の日本があったのではないかと感じさせる。

江戸幕府の中央政府としての機能は、鎌倉期・室町期の武家政権とは一線を画すものであった。幕府は外交と安全保障を一手に管理するとともに、直轄地や旗本領はもとより、大名領をまたぐ案件について司法権を行使した。経済についてもその支配の範囲は広い。貿易を独占し、貨幣発行における主権を掌握している。江戸期を通じて、貿易と貨幣発行は幕府の経済運営の要であった。

一方で、その財政・司法については中世の分権的な統治が残存している。そして、幕府の徴税権は基本的には大名領内には及ばない。この特徴的な財政制度が本章におけるテーマである貨幣改鋳に密接に関係してくる。

江戸時代の終盤において全国の石高は3000万石ほどに達するが、そのうち幕府が直接統治していた――つまりは年貢を取り立てることができたいわゆる天領は400万石程度に過ぎない。全国の15％に満たない支配地域からの税収で、全国的な統治を維持しなければならなかった。街道整備や治水といった土木関連工事については、それを諸大名に命じる手伝普請《てつだいぶしん》が可能であったが、その財政は根本的に不安定なものであったと言えるだろう。

一方で、江戸幕府には大きな強みがある。中世の政権とは異なり、経済関連の制度を一元的に掌握している。ここで古代の皇朝十二銭《こうちょうじゅうにせん》を巡る議論を思い出してほしい。直接の徴税権が及ばない地域・業種から広く税を集める方法が貨幣発行益の活用である。さらに律令制国家の時代と異なり、貨幣経済は中世銭貨の普及を経て全国に広がっている。かくして、江戸期の経済を考えるにあたって、貨幣政策――なかでも財政運営策としての貨幣改鋳が大きな意味を持つところとなる。

1 三貨制度と江戸経済の260年

江戸期の貨幣制度は三貨《さんか》体制と呼ばれる。金・銀・銭の三種の貨幣が流通したことからつけられた名称である。しかし、その制定は同時期に行われたわけではない。

家康は関ヶ原の戦い（1600年〈慶長《けいちょう》五年〉）の勝利と1603年（慶長八年）の将軍宣下とほぼ同時期に、大判・小判、丁銀《ちょうぎん》といった金貨・銀貨を鋳造している。これを慶長金銀と呼ぶ。

一方で、銭貨については、当面の間、中世の貨幣秩序を引き継ぐ――つまりは永楽銭《えいらくせん》や鐚銭《びたぜに》を用いる状況が続く。江戸期貨幣の代表と言える寛永通宝《かんえいつうほう》が鋳造されるのは、家光の治世である1636年（寛永十三年）以降だ。

● 高額貨幣、本位貨幣としての金・銀

金は小判に代表され、両や分《ぶ》（1両の4分の1）・朱《しゅ》（1分の4分の1）といった単位で

定められている計数貨幣である。ちなみに四進法による通貨体系は武田信玄による甲州《こうしゅう》金《きん》の体系を継承したものと言われる。

「両」という単位は、もともとは、重量単位である。古代の無文銀銭《むもんぎんせん》の重量単位が当時の1／4両に整えられていたことは第1章で紹介した通りだ。

重量単位としての「両」は江戸期には約37～38ｇを指すが、金をはかるときのみ4・4匁《もんめ》（16・5ｇ）を一両と呼ぶ習慣になっていた。贈答や下賜に用いられる大判は、44匁（165ｇ、金重量としての10両）に規格化されている。

当初は小判の重さもこの重量単位としての両にある程度準拠して決められていたが、宝《ほう》永《えい》改鋳（1710年）や元文《げんぶん》改鋳（1736年）を経て、小判の重量そのものが軽くなっていく。この時点で、「貨幣単位としての両」と「重量単位としての両」は何の関係もないものになってしまった。幕末開港期にはこの乖離《かいり》が大きな意味を持つことになるが、詳細は後述しよう。

ちなみに、重さの単位が貨幣単位に流用され、次第に両者の関係がなくなっていくという現象はイギリスのポンドやペニーに代表されるように、洋の東西を問わずに観察されている。

一方の銀はその重量によって価値が決まる秤量《ひょうりょう》貨幣である。ただし、取引の際にいち

慶長丁銀

慶長豆板銀

寛永通宝

慶長小判

（すべて日本銀行貨幣博物館所蔵）

いち重量が計測されたわけではない。実際には一定の重量に整えて封印された包銀《つつみぎん》が、開封されることなく、そのまま取引に用いられた。銀の重量単位としては匁（約3・75g）、貫（約3・75kg）が用いられる。

また、銀43匁を包銀にした例は多く、これは「銀一枚」と呼ばれる。褒美などの目録で目にすることが多い「銀一枚」を金建てに換算すると、為替相場次第ではあるが、およそ3分（1両の4分の3）ほどの価値である。

しばしば、江戸の金遣い大坂の銀遣いと称されるが、江戸で銀が使えなかった、大坂で金が使えなかったわけではない。価格の表示や契約の際の尺度として金建てと銀建てのいずれを主に用いたかという差である。慶長金のおおよその組成は金86％・銀14％、慶長銀は銀80％・銅20％からなる。

◉寛永通宝とグレシャムの法則

一方、戦国末期から織豊政権を経て事実上の基準銭となっていた鐚銭は、江戸幕府成立以降も継続して使用されていた。

しかし、中世以降の銭の不足は政権の安定に伴って加速したと考えられる。遠隔地の商業が復活し、それに伴う人と物の動きが活発化すると、少額の取引も増大していく。少額取引を決済するためには金・銀よりも小さな単位の貨幣が必要となってくる。

その中で計画されたのが、江戸期を通じて流通する寛永通宝の鋳造だ。寛永通宝発行の直接的な契機を、徳川家光の上洛《じょうらく》や同時期から制度化された参勤交代に求める研究も多い。大名行列、ましてや将軍上洛の大軍勢が街道を往来するとき、付き従う家臣・小者《こもの》も商品やサービスの購入を行う必要がある。彼らの支払い手段をいかにして確保するかは大きな課題として認識されたことだろう。

大名領をまたいだ取引の活発化、参勤交代の利便性の確保を受けて1636年（寛永十三年）に寛永通宝が発行される。その後、1643年（寛永二十年）には、中世を通じて自由に行われていた銭貨の私鋳を禁止している。寛永通宝は「文」の単位で表記されるが、発行当初、その重量はほぼ1匁（約3・75g）に規格化されていた。また10文（寛永通宝10枚）を一疋《ひき》と呼ぶこともある。**958年（天徳《てんとく》二年）の乾元大宝《けんげんたいほう》以来、なんと約700年ぶりの公的な新銭発行である。**

寛永通宝の発行以降、人々は鐚銭を忌避するようになっていく。そして、17世紀後半に鋳造量を増加させるに至って、鐚銭は使われなくなったと考えられる。寛永通宝は、その材質を変えつつも、同じ銘をもって江戸時代を通じて鋳造され続けた。明治以降も一厘《りん》（1円の1000分の1）硬貨として認められ、その使用が続く。通用が公式に停止されたのは1953年（昭和二十八年）のことである。

ただし、これは経済法則から考えるとやや不思議な事態かもしれない。「悪貨が良貨を駆逐する」というグレシャムの法則を知る人は多いだろう。グレシャム（Sir Thomas Gresham 1519〜1579）は16世紀のイギリスの貿易商であり、王室の財政顧問である。

しかし、その「法則」は本来の意味とは異なるものに用いられることが多い。この法則は品質の悪い商品が増えると、良質の商品を人々が買わなくなる——といった意味ではない。もともと、グレシャムの法則は、名目上の金額が同じで品位（貨幣に占める金・銀の割合など）が異なる貨幣があったとき、人々は品位の高い良貨をため込んで、支払いに悪貨ばかりが使われるようになる現象を指している。人々が良貨を好むがゆえに、取引に良貨が使われなくなっていくというわけだ。

寛永通宝は鐚銭の価値を引き継いでいる。その中で材質の良い銭の供給は、むしろ悪貨としての鐚銭の流通を加速してもよさそうなものだが、現実に生じたのは逆の事態である。ここでグレシャムの法則が成立する条件を振り返る必要がある。グレシャムの法則における良貨とは「金属としての価値が高い貨幣」のことだ。人々が貨幣の金属価値を意識することから、良貨の貯蔵が行われる。

一方で、中世貨幣はその流通の中で、通貨の価値と金属の価値とがすでに無関係なものになっていた。寛永通宝に金属としての価値を見出す者がいなかった以上、その退蔵は行われない。ここから、中世銭貨が「誰もが貨幣として取り扱うがゆえに貨幣」という循環論法に支えられていたことを改めて確認することができるだろう。

日本における名目貨幣――金属価値とは無関係にその価値が決められ、民間もそれを受け入れている状況――として、江戸期の金貨・銀貨に言及する議論は多い。次節以降は、金貨・銀貨の改鋳を中心に言及していくが、寛永通宝においてすでに政府発行の名目貨幣が誕生していた点にも注目しておく必要がある。

なお、3種の貨幣間の交換比率は、１６０９年（慶長十四年）には、金1両＝銀50匁＝永楽通宝１０００文＝鐚銭４０００文、１７００年（元禄十三年）には金1両＝銀50匁＝寛永通宝４０００文といった公定相場を示しているが、民間でこのような御定《おさだめ》相場が守られた形跡はない。その比率は民間による相場で決定されていた。

また幕府も民間による交換比率に積極的に介入していない時期が多い。公的な交換レートを定めることよりも、各貨幣の発行量や金貨・銀貨の品位（金・銀の含有率）を変更することで相場を誘導するという方針を基本にしていた。

新田開発ラッシュと江戸の経済成長

江戸期260年間は日本の国の形が大きく変わった時期でもある。なかでも、その経済規模・所得水準の変化は同時期の貨幣政策を考えるうえでも重要なバックグラウンドとなるだろう。その経済環境の変化を一言でまとめると、江戸期は、前半期の規模の拡大と後半の質の改善と整理できる。

17世紀から18世紀初頭にかけて、日本は大開墾時代とも呼ぶべき時期を経験する。これを戦国期が終わったことで成長が加速したと考えるか、むしろ高度成長は室町後期・戦国期に進んだ大名による一円支配（ある地域を単一の権力が司法・徴税・動員全ての面で支配すること）によると考えるかは議論が残る。しかし、その起点はともかく、前近代社会の中では特筆すべき成長が続いた時代という点は揺るがない。

1600年頃に2000万反（約200万ha）であった水田面積は1720年には3000万反（約300万ha）と1・5倍に増大したと試算される。ちなみに、平成三十年の『作物統計調査』では北海道と沖縄を除く田畑面積は330万haほどである。これは国土の11%ほどが耕地になっていることを示している。耕地利用の方法や機械化の度合いがまるで違うので単純な比較はできないが、享保《きょうほう》年間には水田のみで現在の総耕地面積に匹敵する水準まで開墾が進んだというわけだ。

耕地面積の拡大に伴い、人口も増加していく。戦国期の人口規模に関する見解の相違から1600年の推計人口には様々な数字があるが、同時期に日本の人口は少なく見積もって1400万人、多く見積もって1900万人程度であったと考えられる。一方で、宗門改《しゅうもんあらため》帳に代表される人口統計が残る18世紀前半には日本の人口は3000万人に達している。ここから、17世紀を通じて人口は少なくとも1・5倍、場合によっては2倍に増加したということになる。**幕府発足以来の100余年間は、農業生産と人口が同時並行的に上昇した期間である。日本経済は量的に拡大していった。**

人口と食料生産の一対一対応は前近代社会の特徴とされることがある。古典派経済学者のマルサス（Thomas Robert Malthus 1766〜1834）は、「人口は制限がなければ幾何級数的に増加するが、生活資源は算術級数的にしか増大しないため、生活資源は必然的に不足する」と主張した。

人口はネズミ算式に増加するが、食料生産は一定のペースでしか増大しない――ここからマルサスは出生・産児制限の必要性を主張した。食料生産高によって人口増加が制限される経済をマルサス的状況と呼ぶ。

食料生産が一定の中で人口が増加すると、一人当たりの食料配分量が減少する。栄養状態の悪化は、妊娠の可能性を低下させるとともに、新生児（または高齢者・体の弱い者）の生存確率を低下させる。その結果、人口が食料生産高で決定されるようになる。その意味で、食料増産がそのまま人口増加に結びついていた17世紀の日本はまさにマルサス的状況にあったと言うこともできるだろう。

この状況に転機が訪れるのが、徳川吉宗が将軍・大御所《おおごしょ》として治世を担った18世紀中葉である。以降、江戸末期まで人口の増加は停滞を続ける。その要因としては、飢饉《ききん》の頻発などが挙げられることが多い。江戸四大飢饉のうち3つ——享保の大飢饉（1732年）、天明の大飢饉（1782年～1787年）、天保の大飢饉（1833年～1839年）はこの時期に発生している。

しかし、気候変動や天災といった要因のみで人口の停滞を説明するのは困難だろう。18世紀以降も国内の農業生産量は増加を続けている。

前章でも言及した高島推計では、1600年に米換算で3000万石であった総生産量は1720年頃には4900万石、1840年代には6700万石と順調に増加している。細かな数字について議論はあれど、農業生産高やその他の産業規模が拡大したことは否定できない。18世紀以降も日本社会が引き続きマルサス的な状況にあったならば、この食料増産に伴って人口も増加を続けたであろう。さらに、飢饉の被害が比較的軽微であ

総生産量（石高換算）と人口の推移

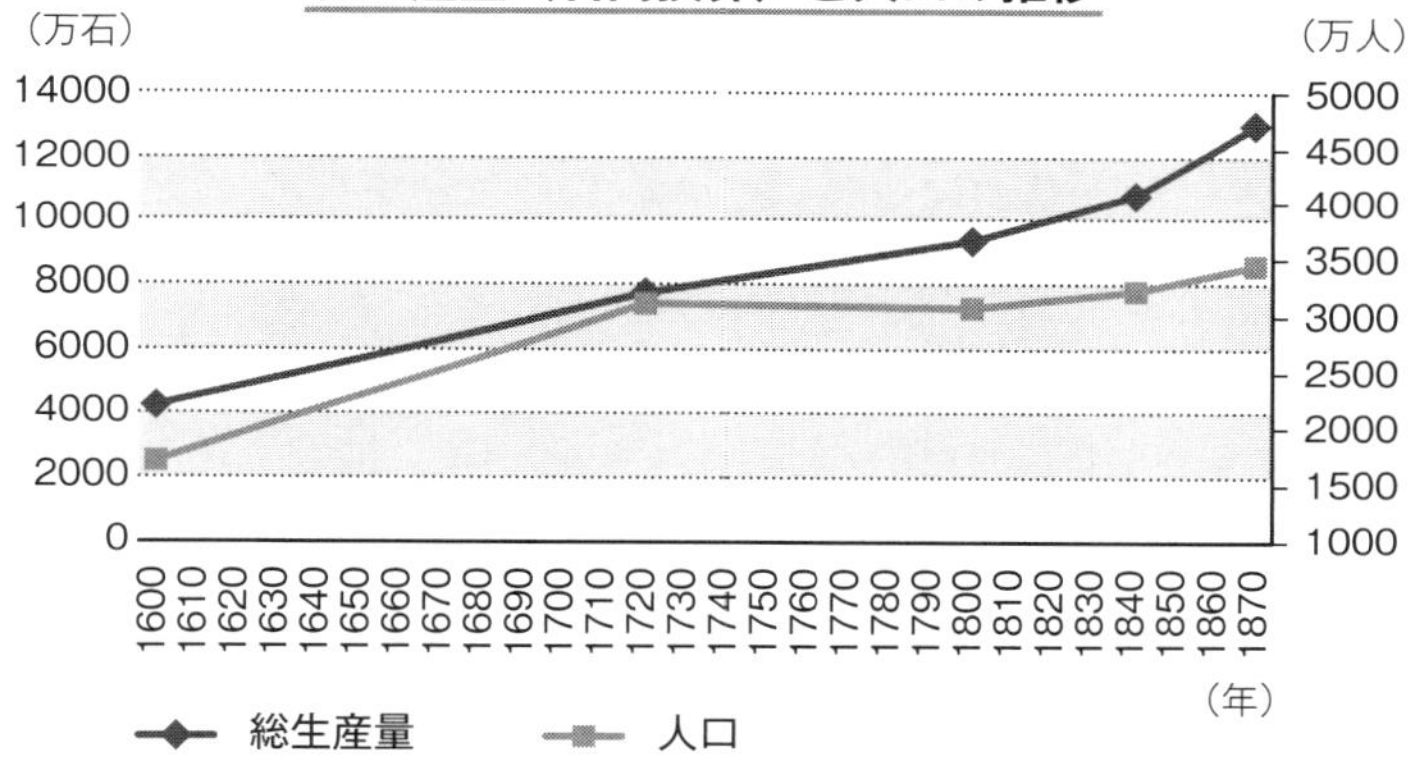

出典：高島（2017），P265－268より作成

った西日本地域においても、東北地区ほどではないが、同期間には人口増加率が停滞している。

江戸中期から江戸後期の人口問題を考えるにあたっては、当時のライフスタイルの変化にも注目する必要がある。18世紀になると西日本を中心に平均初婚年齢が上昇している。江戸初期には10代であった女性の平均初婚年齢は幕末期には地域によって22歳から24歳にまで上昇していたようだ。さらに、初婚年齢の上昇を考慮してもなお、婚姻後の出生率が低かったという研究もある。

現代の経済学的な解釈では、社会保障制度や金融資産などに乏しい発展途上国においては、自分自身の将来の生活のために子供を多く持つ傾向があると説明される。つまりは貯蓄手段としての子供というわけだ。その結果、前近代社会に比べ飢餓そのものによる出産抑制がない場合に、途上国においては急激な人口増加が発生する。一方、先進国では子供以外の様々な貯蓄手段があり、さらには出産・子育て以外の消費・支出対象も豊富であることから、出生数は停滞するようになる。

むろん、近代の出産・育児に関する議論を江戸期に直接当てはめることはできない。しかし、ここで示した理論に限らず、同時期に家族や出生に関する日本人の意識になんらかの変化があった可能性は高いだろう。

特に西日本を中心に、子供は多ければ多いほど良い——そのためにはできるだけ早く結婚・出産を開始すべきという発想から、結果として子供の数は減少するが、それでも結婚時期を遅らせた方が望ましいと考えるようになっていったのではないだろうか。子供の数が多いことによる田畑の分割相続を避けたという説もある。また、初婚年齢の上昇に先立って、都市居住者の割合やサービス産業のシェアが上昇していたことからの影響も考えられる。

その理由はさておくとしても、少なくとも、18世紀後半には、日本の社会は素朴なマルサス的な状況からは脱しつつあったと考えて大過ないだろう。

農業生産、さらには第二次・第三次産業の成長に支えられ18世紀以降も日本の経済規模は拡大を続ける。一方で人口増加は停滞していたことから、同時期に一人当たり総生産量——いわば一人当たりＧＤＰ（＝平均所得）は増大する。享保年間（１７２０年代）から天保年間（１８４０年代）にかけて、平均所得は34％ほど上昇した。年率０・２３％の所得上昇は前近代の経済では大きなインパクトである。

江戸期には5回ないし6回の大規模な貨幣改鋳が行われた。本格的な改鋳事業の始まりとなる元禄・宝永改鋳（１６９５年～）が経済の量的な拡大の真っただ中で行われたこと、徳川吉宗の大きな政策転換である元文改鋳（１７３６年～）が平均所得の継続的上昇が始まる時期と重なること、平均所得の上昇という江戸の繁栄の頂点において文政改鋳（１８１８年～）が進められたことなどを念頭に置いて読み進められたい。

2 元禄の改鋳——名目貨幣への道

幕府の財政は当初、金・銀・銅といった鉱山からの収入に支えられていた。

16世紀以降、戦国大名による鉱山開発が盛んに行われ、さらには銀の精錬方法である灰《はい》吹法《ふき》の導入によってその生産量は飛躍的に上昇していた。これらの鉱山の多くを幕府の直轄とすることで、財政収入の確保が可能であった。

当時の日本の総石高のうち2割以下のみからしか税収を得ていない江戸幕府による全国的な統治が可能となった一因、またはその他の歳入増徴策を講じなかった理由の一端は、この豊富な鉱物資源にある。

しかし、戦国期以来の採掘により、家光期以降、鉱山収入は減少に転じる。佐渡鉱山は江戸期にはすでに金よりも銀の産出が中心になっていたが、その経営は17世紀半ばにはすでに赤字基調となっていく。その後も幕府は様々な方法で鉱山収入の拡大を図るが、日本国内の金・銀生産が増大し始めるのは明治期、本格的に増産されるようになるのは昭和初期になってからである。

●慢性化する財政赤字

鉱山収入の減少をうけて17世紀半ばには幕府の財政は赤字に転落した。儒学者の荻生徂徠《おぎゅうそらい》（1666～1728）は、父からの伝聞として、1650年（慶安《けいあん》三年）から1662（寛文《かんぶん》二）の勘定頭（勘定奉行）伊丹播磨守《はりまのかみ》による述懐を伝えている。

幕府の財政について、歳入と歳出を比較してみると、すでに出費の方が大きくなって、お蔵に収蔵してある金を、毎年一、二万両くらいずつ出して、赤字を埋めている。これでは後になって、幕府の役人たちはさぞ困ることであろう

（荻生徂徠『政談』、尾藤正英訳、P131）

江戸幕府初期は、金銀そのものが豊富に備蓄されていた。大坂落城によって豊臣氏から没収した金銀が22万両、家康が秀忠の将軍宣下に際して与えた42万両、家康の遺産である久能山《くのうざん》御蔵金銀の225万両などからなる秀忠の遺産は325万両にものぼる。

また、1659年（万治二年）には明暦の大火で焼失した江戸城の中から収集した金銀を使って、大法馬金《ほうま》20個（1個約165kgの金塊、慶長小判約1万枚分）、大法馬金銀128個を鋳造したという記録がある。同時期の幕府の備蓄の総額は金貨に換算して380万両ほどと推計される。当時の幕府歳出を4年近く支えられる備蓄額である。

しかし、大法馬金は元禄年間（1688年～1704年）までにはほとんどなくなってしまった。わざわざ鋳つぶさなければならない大法馬金まで取り崩したことから、そのほかの小判等による備蓄もその多くが使われてしまったと考えるのが自然だろう。

ここに至って、単年度の赤字を貯蓄の取り崩しで対応してきた幕府財政は危機を迎える。元禄初期の幕府の歳入は御料《ごりょう》（幕府直轄地、天領）からの年貢収入が米216万俵、他に金56万両のあわせておよそ120万両とみつもられる。一方の歳出は人件費が47万両、作事（土木建設）に27万両、その他の経費を合わせると130万両近くに上る。約10万両の赤字である。先の伊丹播磨守の時代よりもさらに財政の危機は深刻化していた。

将軍は、幕府の開祖である家康をまつった日光東照宮に参詣するのが通例と考えられていた。秀忠から家綱《いえつな》に至る3人の将軍は在任中、または世子《せいし》（後継ぎ）として、家康の命日に社参している。なかでも、家光は10回もの日光社参を行っており、その道中の利便性を高めるために寛永通宝の鋳造が企画されたという説もある。

家光の第4子であり、儒教的な道徳観を重視した綱吉もまた、将軍としての日光社参を強く望んだことであろう。しかし、突然将軍に就任することとなった綱吉の政治基盤が安定した頃には、幕府にはそれを行うだけの資金がない状態であった。

鉱山収入や家康以来の備蓄が枯渇したことで、幕府の財政は――なかでも貨幣政策は大きな転機を迎えざるを得ない。1695年（元禄八年）、幕府は金・銀の「吹き直し（改鋳）」を命じる。

小判や丁銀の刻印が古くなってきたので、新たに鋳造しなおすとの旨、ご命令があ

る。また、近年、金山・銀山からの産出量が少ないことで、金・銀の流通量が次第に減っている。金・銀の品位を変更することで、金・銀の量を増加させるために、今回、このような命令を出すのである。（『御触書寛保集成《おふれがきかんぽうしゅうせい》』一七五七号を意訳）

明確に品位（金・銀の含有量）を変えることを宣言した上で改鋳を進めている点に注目されたい。この触書を読んで品位が上がると考える者はないだろう。

元禄期に改鋳された金銀を元禄金銀と呼ぶ。流通している慶長金銀を回収し、元禄金銀に鋳直す作業の過程では、品位のことなる2種類の金・銀が混在することになる。

この場合については「同時に相心得《あいこころう》（同じ価値で取り扱う）」ように命じている。貨幣価値が金属としての価値から決まっている――と当局が考えている状況では、このような命令が出されることはないだろう。貨幣価値と金属としての価値を分離できると考えていたからこそ、このような触書になったのではないだろうか。

◎名目貨幣の復活としての元禄改鋳

この改鋳を提言したのが、改鋳開始当時、勘定頭差添役《かんじょうがしらさしそえやく》（のちの勘定吟味役）であった荻原《おぎわら》彦次郎重秀《しげひで》（近江守《おうみのかみ》、1658～1713）である。荻生徂徠によると、重秀は綱吉に対し、「日光ご参詣をなさった上に、京都へ上洛なさっても経費に差支えを生じないような妙案があります」(『政談』)と提言したという。

勘定頭差添役は勘定方のなかで勘定頭(のちの勘定奉行)に次ぐ役職である。荻原重秀は下級旗本の次男坊として生まれ、勘定所内でその行政手腕を認められることで出世を重ねた。いわばたたき上げの吏僚だ。出仕して間もなく近畿地方の御料の検地や代官の不正摘発で頭角を現し、1687年(貞享《じょうきょう》四年)に勘定頭差添役に、1690年(元禄三年)からは佐渡奉行を兼務していた。改鋳の功績もあって1696年(元禄九年)には勘定奉行に昇進している。

佐渡奉行として重秀は、大規模資金の投下による設備投資(坑道の排水施設の整備)により、佐渡での金銀採掘量を増大させている。同時に佐渡の農地について、その収穫量を再計測し、年貢収量を大幅に増やすなどの活躍を見せた。

重秀の経歴を見ると、その業務がいずれも幕府財政の改善――なかでも歳入確保に関するものであったことがわかる。検地による年貢増徴や、かつては幕府財政の屋台骨を支えた鉱山の再開発はいずれも典型的な歳入増加策である。その中で、重秀は年貢増徴や鉱山開発の限界をも知るところとなっただろう。いかに検地を進めても幕府直轄地そのものが全国の2割に満たない現実は変わらない。佐渡鉱山の採掘量も家康・秀忠の時代に戻る見込みはない。すでに試みられてきた歳入増加策の限界を悟ったことが、重秀の改鋳提言につながったのではないだろうか。

改鋳の影響を考えるにあたって、それまで流通していた慶長金との品位の比較をしてみよう。小判の重さは慶長金・元禄金ともに約17・8gである。

慶長金：金約86％　銀約14％
元禄金：金57・37％　銀42・63％
（以降品位は幕府の規定品位、慶長金は時期により規定品位が若干異なる）

慶長小判2枚から元禄小判は3枚鋳造できる。元禄小判を3両鋳造するたびにおよそ1両の財政収入を得ることができるわけだ。金貨と同時に銀貨（丁銀・豆板銀《まめいたぎん》）の改鋳も行われている。その品位は、

慶長銀：銀80％　銅20％
元禄銀：銀64％　銅36％
（科学的調査によると少量の金・鉛を含む）

である。こちらは、金に比べると品位の低下の度合いが低い。慶長銀20匁から鋳造できる元禄銀は25匁。25匁の元禄銀から5匁の利益であるから利益率は20％ほどである。

高品位の金貨・銀貨と明らかに金属価値が劣る貨幣を交換するという触書に対し、商人からの抵抗は少なくなかっただろう。**このような民間の抵抗を乗り越えることができるだけの支配力を持ったことが中世の政権との違いであり、その支配の浸透こそが金属価値と名目貨幣を分離させ、貨幣発行益を得るための条件でもある。**

幕府は改鋳直後から矢継ぎ早に新旧金銀の交換促進策を打ち出していく。当初から、元禄金銀への交換に際し、1％増額して交換するというプレミアムをつけていた。その増額を行い、取引に際して慶長金銀の使用を制限するなどの措置が講じられている。その結果、元禄金銀への交換は徐々には進んだと考えられるが、その途上である1697年（元禄十年）に発行された二朱金《にしゅきん》についても注目しておきたい。

◉二朱金の発行と改鋳の進捗

なお、貨幣改鋳による出目《でめ》（貨幣発行益、シニョリッジ）の獲得自体は家綱期にも議論されており、荻原重秀のオリジナルな発案とは言えない。むしろ、理論的な可能性を指摘されている方策を、実行可能な現実の政策に落とし込んだところに実務家重秀の功績がある。

元禄の改鋳が始まって2年を経てから鋳造されたのが、元禄二朱金である。この二朱という単位の貨幣は慶長金にはない。あえて初めての額面の貨幣を鋳造した理由はどこにあるのだろう。小判1両は当時の所得・物価水準からすると、あまりにも高額な貨幣である。貨幣改鋳が行われる直前の物価をみてみよう。

1688年（貞享五年）に刊行された井原西鶴《いはらさいかく》の『日本永代蔵《えいたいぐら》』で、日雇いや行商で働く亭主の稼ぎについて、「一日の稼ぎは37文から38文、45文から50文」との記載がある。無論『日本永代蔵』はフィクションであるが、それだけに当時の人々が思い描いていた日当の「相場観」を伝えてくれているのではなかろうか。

仮に日当が40文だとすると年に300日働いて1万2000文。元禄初期の1両は4500文から4800文ほどであったため、2両2分から3分程度の年収となる。

また武家の下級奉公人である中間《ちゅうげん》の年契約額も1両2分から2両（ただし住居つき）程度である。ちなみに技能労働者である大工の日当は180文から200文。同じく年300日働くと12両ほどになる。賃金・所得との比較からすると、一両小判は現代の感覚では「100万円札」のようなものである。商取引や耐久財の購入といった場面以外ではそうは使われない。

一方で、二朱金ならばどうであろう。二朱は銭に換算すると600文ほど。大金ではあろうが、大工であれば日当3日分である。このくらいの金額を手元に置いておくことはそれほど珍しくはないだろう。突然の支出への備えとして、少し値の張る商品を購入するとき、何百枚もの銭を持ち運ぶよりは二朱金が好まれたことは想像に難くない。

民間経済が求めている額面の貨幣を供給することで、元禄金の民間経済への定着をはかる方策は一定の成功を収めたようだ。二朱金への交換希望の多さに、幕府は慶長小判から元禄二朱金への交換を制限したという。元禄二朱金自体は10年程度で通用停止となるが、使い勝手の良い額面二朱の貨幣はのちに主要な流通貨幣となっていく。

なお、元禄金は一両小判、一分金（1／4両）、二朱金（1／8両）の3つの種類の貨幣として発行された。一分金・二朱金の重量は小判の1／4と1／8になっている。

大幅に品位を下げた元禄金に慶長金と同価値での流通を強制した一方で、元禄小判・元禄一分金・元禄二朱金の間では額面の価値と金属量を合わせている。同一時期の同種の材質を用いた貨幣間においてさえ金属価値と額面価値が無関係の貨幣――より本格的な名目貨幣の時代は18世紀後半、二朱「銀」の登場まで待たなければならない。何はともあれ、元禄の改鋳により、我が国の貨幣制度は、

・政府が発行し〈政府負債であり〉
・原材料価値と額面価値が無関係で〈名目貨幣であり〉
・誰もが貨幣として受け取るから貨幣として流通する〈循環論法に支えられる〉

という今日見かける最もありふれた貨幣（不換紙幣）に向けての第一歩を踏み出した。

●改鋳による利益と改鋳への批判

元禄の改鋳については、かつては、厳しい評価が行われることが多かった。そのひとつが、グレシャムの法則に基づいて民間の商人は品質の良い慶長金銀を退蔵したため、交換は進まなかったという批判である。この解釈は荻原重秀の最大の批判者であり、政敵である新井白石《あらいはくせき》（1657～1725）の批判に由来するであろう。

> **天下の人みな自分の宝（旧金銀）を失うことを恐れて、その時に使うために必要な数を勘案して（新金銀に）交換する以外は、貯めこんで交換に出さないものが、（新金銀に）換えるものより万々倍も多いであろう**
>
> **（新井白石「改貨議」（『白石建議（四）』）を筆者訳・括弧は筆者）**

しかし、元禄改鋳に関する限りでは、この見解には少々無理がある。改鋳が始まった時点で幕府金蔵に新小判の原材料になる金はない（銀は多少備蓄されていた）。したがって、原材料は慶長金の回収によって調達するしかない。元禄金は1695年（元禄八年）から15年ほどの間に約1400万両鋳造された。元禄金を1400万両鋳造するためには1000万両近い慶長金が必要だ。

慶長金の総鋳造量について記録は少ないが、明治政府や様々な推計から考えるとその総量は1300万両から多く見積もっても1500万両と考えられる。新井白石は『折りたく柴の記』（1716年頃）の中で、慶長金240万両が海外に流出したとしているが、この数字が正しければ、国内に残存する慶長金のかなりの部分が元禄金と交換されたということになる。

一定の退蔵はあった（だからこそ慶長金銀の現物が現代に残っているのだ）であろうが、少なくとも慶長金の多くはいずれかの時点で元禄金に交換されたものと考えてよいのではないか。

むろんその交換は、幕府の権力によって強制されたものだと批判することもできる。しかし、貨幣を考えるうえでは、政府がこのような強制力を持っていることこそが重要である。貨幣発行により財政収入を得ることが可能になったことは、皇朝十二銭の全盛期（8世紀から9世紀前半）以来のことである。そして、収入規模に至っては比べるべくもない大きさになるだろう。

この改鋳を通じて、幕府が獲得した出目は約430万両と推計されている。さらに、同時期には寛永通宝の重量を2割ほど軽くした新銭貨も発行されている。ちなみに、真偽不明ながら荻原重秀の言葉とされる「たとえ瓦礫《がれき》のごときものなりとも、これに官府の印を施し、民間に通用せしめれば、すなわち貨幣となるは必然である」（『三王外記《さんのうがいき》』）は寛永通宝の改鋳に対する言及と考えられる。

金銀の改鋳、銭の改鋳による利益を合計すると元禄改鋳による貨幣発行益は530万両以上になる。改鋳は家康・秀忠の遺金を上回る財政収入を幕府にもたらした。

貨幣改鋳へのもうひとつの批判はそれが猛烈なインフレーションをもたらして庶民を苦しめたというものになるだろう。しかし、この批判もそのままの形で受け入れることはできない。ここで、大坂市場の米相場と、江戸における張紙値段《はりがみねだん》（御家人《ごけにん》等に俸給を支払う際の米価換算価格）をみてみよう。1670年代後半の価格を1としたその後の米価の推移をみると、大坂市場での乱高下はあるものの、平均的な米価は3割程度、年率3％程度の上昇にとどまっている。

改鋳前後の相場変動

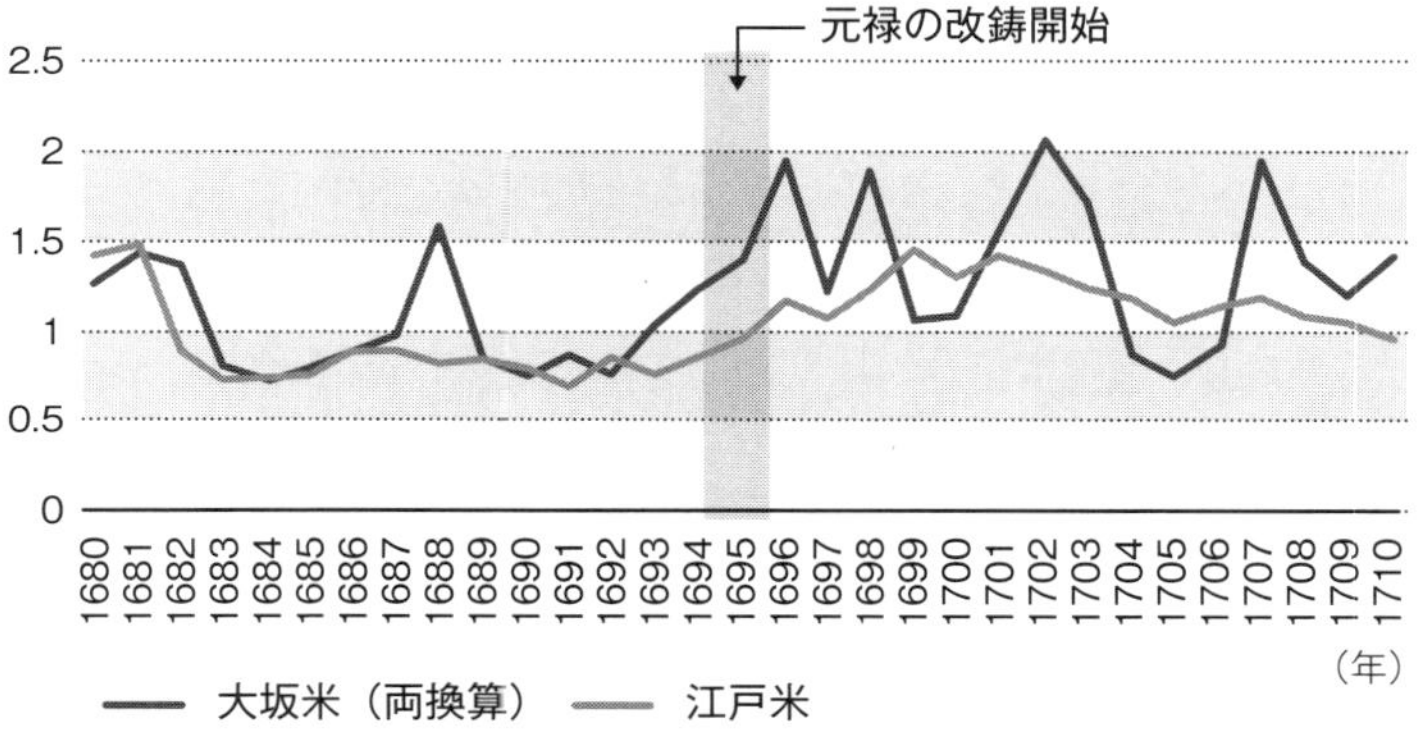

出典：山﨑（1981）第一章，村井（2007）P123 より作成

改鋳の影響による激しいインフレーションというのは、改鋳直後の1695〜96年（元禄八・九年）の深刻な冷夏による農業生産量の低下、元禄大地震（1703年）、宝永大地震・富士山大噴火（1707年）といった自然災害による部分が大きいのではないだろうか。本格的な物価騰貴が生じるのは1710年代に入ってからである。

少なくとも元禄金銀への改鋳については、成長を続ける日本経済にとって必要な貨幣の量を供給し、マイルドなインフレーションを引き起こしたと評価されてよい。マイルドなインフレーションは現代の金融政策における目標とされているように、実体経済にとってはむしろプラスの効果を持つ。

◉貨幣発行益はどこから来るのか

政府が供給する名目貨幣という画期的な試みである元禄改鋳だが、そこにはひとつの見落としがあった。それが金と銀の品位低下の度合いの違いである。

金は3割以上品位を低下させているのに対し、銀の品位低下は2割にとどまる。これは民間の相場で決定される金・銀の交換レートを銀高に誘導することになる。1両＝60匁前後であった金・銀の交換レートは1両＝47匁付近になり、銀高金安へと変化した。

17世紀末から18世紀初頭の江戸の生活は関西からの物資供給に依存する度合いが高かった。すると、銀高は江戸市中の物価高騰につながることになる。円安ドル高になると輸入品が高くなるのと同じ理屈である。

天候不順によって市場の米価が高くなっているにもかかわらず武士への俸給額が十分には高まらないことや、上方からの物資の価格上昇などが、元禄改鋳に対する評判を必要以上に低下させている側面があるのではないだろうか。

銀高金安による上方から江戸への物流の滞りにより、銀貨を中心としたさらなる改鋳の必要性が浮上する。さらに、１７０３年から１７０７年は二度の大震災と富士山の大噴火により、幕府にさらなる歳入増加策が求められるようになる。

その中で、再び企画されたのが宝永期の改鋳である。矢継ぎ早に改鋳が行われることになるため、その時系列を整理しておこう。

1706年（宝永三年）　二ツ宝銀《ふたつほうぎん》（銀50%・銅50%）鋳造

1708年（宝永五年）　寛永通宝大銭（十文銭）鋳造

1710年（宝永七年）　永字銀《えいじぎん》（銀40%・銅60%）鋳造

三ツ宝銀（銀32%・銅68%）鋳造

宝永金（純金量は元禄金より20%減）鋳造

1711年（正徳《しょうとく》元年）　四ツ宝銀（銀20%・銅80%）鋳造

矢継ぎ早の改鋳である。ちなみに寛永通宝大銭（宝永通宝）は、1枚で10文（通常の寛永通宝10枚）として通用させる大型の銭である。これらの改鋳から幕府にもたらされた貨幣発行益は宝永金換算で500万両ほどになる。たった5年の間にもういちど元禄改鋳に匹敵する貨幣発行益を幕府にもたらしたのだ。

しかし、貨幣発行は打ち出の小槌《こづち》ではない。1710年代に入ると、物価は急激な上昇を始める。元禄銀では1石（100升・180L）当たり57匁程度で推移していた大坂米価は150匁に、1石金1・1両程度であった江戸の米価も2両にまで急騰した。これは非難されてしかるべき「物価急騰」と言ってよいだろう。

ここで貨幣発行益（シニョリッジ）とインフレーションの関係について整理しておこう。問題は貨幣発行益はどこから来るのかという点にある。

改鋳による貨幣量の増加がインフレをもたらさない場合から考えよう。

このとき、政府は「財・サービスの獲得」という利益を得ている。また、政府が「財・サービスの獲得」という利益を得る裏側で、それらの財・サービスを供給する商人や職人たちは売り上げ増大という恩恵を受けている。それまで小判や銀を貯蓄していた階層にとっては、特に損得は生じていない。手持ちの旧金銀を新金銀に換えても、金1両・銀1匁で買える財・サービスの量は変わらないからだ。このとき、政府が獲得する貨幣発行益の源泉は経済の活性化にある。得をしている者はあるが、損をしている者はない。貨幣発行益の影響がこの第一の段階にとどまっている限りは、貨幣発行益は、確かに、打ち出の小槌の側面を持っている。

しかし、経済全体の「財・サービスを供給する力」が限界に達しているときには、改鋳のこの影響はこれにとどまらない。政府がこれまで以上に財・サービスを購入する結果、民間が利用可能な財・サービスが減少してしまう。市場に供給された豊富な貨幣と不足する財・サービス――このふたつが組み合わさったときに生じるのがインフレーション（物価騰貴）だ。

貨幣改鋳がインフレをもたらしたとしても、政府が「財・サービスの獲得」という利益を得ている点に変わりはない。そして、政府支出の拡大による売り上げ増によって利益を得る者もあるだろう。一方で、改鋳以前に小判・銀を備蓄していた層にとっては、手持ちの旧金銀やそれと交換した新金銀で買えるものが減少するという負担が生じている。ここにおいて、貨幣発行益は金銀保有者への負担（インフレ税）から生み出されるものとなる。その詳細を説明しておこう。

このようなインフレ税は「金銀保有者から政府」にとどまらない再分配効果がある。債務者・債権者間の再分配である。

例えば、ある農民が田畑を質に入れて10両の金を借りたとしよう。米価が1石1両であれば、その返済には10石の米を売却する必要がある。一方、米価が1石2両になったならばどうだろう。返済には5石の米で足りることになるだろう。債務を負う農民にとって実質的な負債の減免が生じるのだ。一方の債権者にとっては、インフレーションは負担である。米10石相当の金を貸しても、インフレが生じると、5石相当の返済しか受けられない可能性があるのだ。前者はインフレの債務者利得、後者は債権者損失と呼ばれる。

政府が発行する貨幣は必然的に政府負債としての性質を持つ。インフレによる債務者利得は政府負債についても同様に生じる。インフレによる政府の債務者利得は貨幣発行益の重要な源泉である。貨幣改鋳によって貨幣量を増加させても、インフレが起きてしまっては、発行した貨幣で購入できる財・サービスが減少することから政府の利益は少ない——といった解説を見かけることがあるが、これは誤りである。

マイルドなインフレーションは政府に限らない債務者の負担を軽減することで、民間経済を刺激する。これは今日の経済を考えると容易に理解できるだろう。現代の経済において主な債務者は（金融機関以外の）民間企業である。インフレは新たにビジネスを立ち上げ、拡大していこうとする企業の負担を軽減する。また、住宅ローンや教育資金などの借り入れを行う若年から壮年世代の負担軽減が消費を刺激するという側面もあるだろう。元禄改鋳によるマイルドなインフレが上方を中心に花開いた元禄文化に与えた影響も少なくないと考えられる。

現代の経済制度においても金融緩和政策から政府が得る貨幣発行益にはこの第一と第二の要因が混在している。貨幣発行益の主な源泉が第二の要因である政府負債の減免ばかりになったとき——民間経済の状況は変わらずに、貨幣を多く持つ者から政府への所得移転のみとなったとき、その評価は低いものとなるだろう。

その分水嶺となるのが「経済全体の財・サービスを供給する余力」の多寡である。飢饉や天災は財・サービスの供給余力を低下させる事件に他ならない。供給余力の低下に対して貨幣改鋳を行った宝永の改鋳は、今日の経済理論にしたがうと、必然的に大幅なインフレに帰結せざるを得ない。

貨幣改鋳による貨幣供給量の増大がもたらす光と影をごく短期間に経験した元禄改鋳と宝永改鋳、その教訓と反省は、その後の江戸期の改鋳に大きな影響を与えたことだろう。その後も貨幣改鋳は幕府の経済政策の根幹をなすものとなっていく。

3 転換点としての元文の改鋳

急激なインフレをもたらした貨幣改鋳に対して、その批判が高まることは避けられない。批判者の代表が新井白石である。荻原重秀への言及は非常に手厳しい。

白石が側用人《そばようにん》間部《まなべ》詮房《あきふさ》にあてた弾劾書はその草稿が残されている。その内容からも、白石がいかに重秀とその政策を敵視していたかがわかる。

「非力ではあるが、人ひとり（重秀ひとりくらい）殺すことはできる」といった書きぶりは、政策論争を超えて個人的な怨恨を疑わせるほどの激しさだ。その中には、根拠を示さずに重秀の悪行を並べた部分もあり、天変地異の原因を貨幣改鋳によるものとする主張で締めくくられる。のちに書かれた自伝的随筆、『折りたく柴の記』にも同様の記載が見られ、政治的な意図を超えた熱量が感じられる。

当初は受け入れられなかった弾劾書だが、１７１２年（正徳二年）、死の淵にあった徳川家宣《いえのぶ》はついにその主張を受け入れ荻原重秀を罷免する。その後の重秀は自死したとも獄死したとも伝わる。しかし、幕府の記録には重秀が評定所《ひょうじょうしょ》の裁判にかけられた記録も、牢獄に収監された記録もない。白石やその与党による謀殺の可能性を指摘する研究もあるほどだ。まさに謎の最期である。

◉正徳の改鋳がもたらしたデフレーション

重秀の失脚により、幕府の貨幣制度は文字通り１８０度の転換を遂げることになった。それが新井白石の主導による正徳・享保の改鋳（１７１４年〜）だ。正徳金・銀の品位は初期の慶長金銀と同じく、金は金85・7％、銀は銀80％である。のちに鋳造された享保金は正徳金よりやや品位が高く、後期の慶長金（金86・8％）にそろえられている。

元禄から宝永にかけての改鋳と全く逆の意味での改鋳の実施は、幕府財政・物価の両面で深刻な影響を及ぼした。宝永・正徳期の幕府の保有金銀について、その記録が残っていないためその減少額は不明であるが、改鋳が一定程度進んだと考えられる1722年（享保七年）の幕府の金銀備蓄（奥御金蔵《おくごきんぞう》保有金銀）は13万両程度と推計される。ちなみに、累計1000万両にのぼった元禄・宝永の貨幣発行益は完全に失われてしまった。これは記録が残るなかでは最も少ない備蓄額である。

民間経済に与えた影響はさらに深刻だ。正徳・享保の改鋳が始まった時期（1714年）と、次の改鋳である元文の改鋳直前（1736年）の時期の物価を比較すると、その激しさがうかがわれる。農業経済学者の山崎隆三の研究にしたがうと、銀建て価格の低下は特に顕著である。20年ほどの間に、米の価格は7割低下している。絹や綿といった繊維類も5割から6割ほど価格が低下したと推定される。かくまでの急激なデフレがもたらす経済の停滞は深刻なものであっただろう。

インフレは負債の実質価値の低下を通じて債務者利得をもたらす。一方、価格の低下――デフレーションがもたらすのは債務者損失だ。当時の代表的な債務者は、政府を除くと武士・小農民である。

ほとんどの武士の収入は米単位で定められている。例えば、幕府より年3回にわけて俸禄をうけとる武士（主に御家人）の場合、家禄を米価で換算した金額が実際の所得となる。その際の米価換算価格が張紙値段である。この張紙値段が低下すると、金に換算した武士の所得は低くなる。一方で、借金の金額は変わらない。

米価の下落は借金の返済を大きく困難にする。これは農民にとっても同じである。米のみならず副産物である繊維類、茶や煙草の値段も大幅に下がっている。正徳の改鋳は武士と農民という幕府の支配体制にとって最も重要な階層の生活を急速に悪化させたことであろう。

改鋳の主導者である新井白石は、歴史から漢籍、政策・地理論にいたる分野について先端的な知見を持つ、同時代における知の巨人である。１７１３年（正徳三年）頃の作品である「改貨議」（『白石建議（四）（五）（八）』）では、貨幣数量の増減が物価の上下につながることが詳細に論じられている。さらに貨幣の品位を向上させるためには、莫大な政府の負担が生じることも十分に理解していたと考えられる。

そのため、貨幣を再改鋳して良貨に戻すにあたって、つなぎとして金鈔《きんしょう》・銀鈔《ぎんしょう》（紙幣）を発行することを提言している。

改鋳にあたって大量の金銀が必要となるため、一時的に旧貨幣を金鈔・銀鈔と交換し、幕府の保有する鉱山からの金・銀の産出によって徐々に高品位貨幣への転換を行うという提案だ。

しかし、不足する金・銀を鉱山からの産出で補うことが可能との見込みは少々無理があったのではないだろうか。そのためかこの案は実行には移されていない。宝永金銀（悪貨）を回収するために、素材価値の面で言えば悪貨の極みとも言える紙幣発行を主張している点は不可思議である。

改鋳によって生じる物価下落（デフレ）の影響について、白石が全く理解していなかったとするのは誤りであろう。一定の理解があったにもかかわらず、かくまでの急激なデフレ政策を断行したのはなぜか。紙幣発行をしてまで元禄金銀や宝永金銀を市中から追放しようとしたところに、政敵である重秀への憎悪を感じ取ることもできるが、私的な感情のみに突き動かされたわけではあるまい。ここでは二つの私見を提示しておきたい。

第一は、負債・借金そのものへの嫌悪に由来するとの仮説だ。武士が借金を抱えるのはその知行《ちぎょう》・俸禄を超えた支出をする——つまりは分をわきまえない贅沢をするからととらえることもできよう。武士以外についても同様である。主家から受け取る俸給、自身の稼ぎを超える支出をするような不心得について厳しく対処する必要がある、という思考が白石の中にはあったのではないだろうか。

さらに、海外の貨幣制度との違いを問題視した可能性もある。新井白石は１７０９年

（宝永六年）に、イタリアから密入国したシドッチ（Giovanni B. Sidotti）に対して尋問を行っている。その詳細はのちに『西洋紀聞』にまとめられる。海外では「混ぜ物をして雑に作った金銀を宝とすることはない」というシドッチからの伝聞によって、日本の貨幣制度が海外に比べて劣っており、現代の言葉で言うならばグローバル・スタンダードへの回帰のために改鋳が必要との結論に至ったとも考えられよう。

●重商主義の誤謬《ごびゅう》と根拠

純粋な金・銀こそが貨幣であり、宝であるという思想は新井白石の経済政策思想の根幹に置かれている。金・銀の量こそが国家の富であるという考え方にしたがうと、その流出を招く海外との貿易は制限しなければならないというものになる。

我が国に産出する永久の宝ともいうべきもの（金・銀）をむだ遣いして、外国から来る、ただひと時の珍しいもてあそびもの（海外からの輸入品）と交換し、そうした取引のためにわが国威を落とすようなことは、適当とは思われない

（『折りたく柴の記』、桑原武夫訳、P306、括弧は筆者）

との言及に白石の金・銀、そして貿易に関する基本姿勢が集約されている。実際に白石は海舶互市新令《かいはくごししんれい》によって、長崎での貿易量を厳しく制限するとともに、金・銀の輸出を防ごうとしている。

こういった発想はヨーロッパにおける重金主義やそれを受けつぐ重商主義のものに非常に近い。重商主義は、海外との貿易黒字を計上することで国内の金・銀の量を増大させることを重要な政策課題ととらえる。そのために貿易の制限や金・銀の輸出禁止、関税などによる貿易赤字の削減（または黒字化）が主張される。

経済学は重商主義批判の中から誕生した。正徳の治から60年後の1776年に刊行されたアダム・スミスによる『国富論』には、金・銀の量ではなく労働——それによって生み出される有用な財・サービスこそが富であることが主張されている。

金・銀はそれ自体は、宝飾品になる以外は食べることも暖を取ることもできない一商品である。その総量によって一国経済の豊かさが決まるわけではない。今日の私たちは直感的に理解できる話である。

しかしながら、当時のヨーロッパにおいては金・銀の海外流出は深刻な問題であったことも確かだ。ヨーロッパ（さらには日本以外の世界経済）にとって貨幣とは金・銀といった貴金属に他ならない。金・銀のみが貨幣として認められている状況では、国内の金銀量の減少は国内に流通する貨幣量の減少を意味する。**国内の貨幣量の減少は物価の低下――つまりデフレによって一国経済を停滞させることになるだろう。**当時の欧米での貨幣の状況を鑑みると、国内金銀量の確保という重商主義の主張は一定の合理性を持った考え方である。

ちなみに、これは金・銀のみが貨幣とされる経済特有の現象ではない。同じ通貨を使う地域間、固定相場で結ばれた二国間でも同様の論理が働く。

例えば、現代のEUでは共通通貨ユーロが使われている。この状況で、ギリシアがドイツなどのEU圏内の国に対して貿易赤字（正確には経常赤字）状態にあったとしよう。輸出よりも輸入が多いということは、ギリシアがうけとるユーロよりも、ギリシアが支払うユーロが多いということだ。その結果、ギリシア国内のユーロの量は減少していくことになる。国内の貨幣量の減少は、国内経済を停滞させる。

このような共通通貨・固定相場の足かせから逃れる手段が、各国の通貨交換比率を市場にゆだねる変動相場制である。

国内において自前の貨幣を流通させるだけの信用力を持つ政府があるのであれば、自国では発行できない貨幣に身をゆだねる必要はない。貿易や海外渡航の制限によって国際的な貨幣秩序から一定の距離を置くことが可能で、国内に確固たる支配力を持つ江戸幕府が存在する江戸期の日本もまた同様の状況にあった。その意味で、白石の改鋳は日本にとってつきあう必要のないグローバル・スタンダードを目指した政策であったとも言える。

国にとっての富の源泉は金・銀にあるわけではなく農業にあり、物価の下落は社会に大きな影をもたらすという発想は荻生徂徠の経済政策論にも見て取られる。徂徠の徳川吉宗に対する政策提言集である『政談』の発想は、のちの元文改鋳（１９３６年）につながっていく。

◎享保の改革の意義と限界

正徳・享保の改鋳が幕府財政に、さらには日本経済にもたらした影響は大きい。多額の貨幣改鋳損は幕府財政を危機的な状況に陥らせることになった。さらに、米価の急落によってもたらされる武士・農民の困窮はより深刻であったことだろう。

米価の急落によって直接的なダメージを受けるのは農民である。米価の急落は、中小農民の借り入れ返済を困難にし、農地を失って小作化する、または都市に流入する農民を増加させることになる。中小農家の解体は、農業の収穫を武士が支配することを基本とする江戸幕府の支配秩序にとり、その根幹にもかかわる重大事である。

幕府財政の危機、支配秩序の根本にかかわる農民・武士の困窮の中で幕政を担ったのが徳川吉宗（1684～1751）である。1716年（享保元年）に将軍宣下を受け、1745年（延享《えんきょう》二年）に譲位したのちもなお大御所として実権を握り続けた吉宗は、幕府中興の祖として高く評価されている。その功績は多岐にわたるが、ここでは貨幣政策に関連したもののみに注目する。

徳川吉宗が将軍となった当初、幕府の備蓄金はほとんど底をつきかけていた。御家人に対する数百人規模の人員整理まで検討されていたと伝わるほどだ。吉宗に農政・民政に関する具申を行った田中休愚《たなかきゅうぐ》（1662～1729）も、借金に苦しむ農村部の疲弊を伝えている。吉宗による経済政策の第一の目標がこれら喫緊の問題の対処となるのは当然の次第だろう。享保の改革の初期にあたる1720年代に行われた経済政策の多くは、これらに直接的に対応したものと言ってよい。

直轄領の年貢率を40％（四公六民）から50％（五公五民）への引き上げ、年貢の徴収方法を、年ごとに収穫を調査して納税額を決める検見《けみ》法から、過去実績からの平均値を適用する定免《じょうめん》法にあらためたことなどは広く知られている。

しかし、これをもって農民への負担を増大させることによって歳入を確保したと考えるのは早計である。同時期に実際の農業生産高に占める税の割合――現代風に言うならば租税負担率は増加していない。これは検地によって把握された面積の85％のみを課税対象としていたこと、定免法により農地の改善や農機具・肥料による収穫の上昇分がつくり手の収益になることから、米の生産が拡大したことなどがその理由である。単なる増税策ではなく、新田開発や農地改善の奨励とあわせて直轄領での米収穫を増加させ、幕府歳入を増やすことを目標にした政策と考えるべきだろう。

くわえて、諸大名に対しては石高1万石に対して100石の米を納めさせるという上米《あげ》の制《まい》が導入される。上米は9年ほどで廃止されるが、財政に関して高い独立性を持っていた大名領に対して直接的な税負担を求めた点で、これもまた画期的な制度である。

これらの歳入増加策と大奥経費の節減などにより、幕府の財政状況は徐々に改善していく。さらに同時期には各地で豊作が続いたという僥倖《ぎようこう》にも助けられている。これらの改革により年貢収納量は増大し、1730年前後には幕府財政は危機的状況を脱していた。同時期には幕府の備蓄金も100万両を回復している。

しかし、このような財政再建はもうひとつの政策目標である武士の困窮や農村の疲弊を改善することにはつながらない。享保の改革初期に吉宗は、金銭に対する訴訟を公的には受け付けないとする相対済令《あいたいすましれい》や田畑の質流れ――借金の返済が滞ったことによる所有権の移転を制限する法を出しているが、いずれも実効性なくのちに撤回されている。両者の疲弊は物価、なかでも米価の低迷にその端を発している。**米の増産策はむしろ米価に対し**

ては引き下げ要因である。

さらに、諸大名に対して上米のかわりに参勤交代での江戸滞在期間を短縮する措置が行われている。これも江戸市中での米やそのほかの商品の需要を減少させることになるため、米価・物価の上昇は抑えられることになる。

正徳・享保の改鋳によって、米価・諸物価が大幅に低下したことはすでに説明したが、吉宗就任以降も米価の低下傾向は続いた。

1716年（享保元年）から1725年（享保十年）の大坂米価は平均米1石当たり銀54匁程度であるが、1726年（享保十一年）から1735年（享保二十年）には47匁前後と米価の下落が続いている。江戸米価についても、前出の張紙値段を見る限り、2割ほど低下していたようだ。大坂よりも江戸で米価の低下が大きいところに、参勤交代期間の短縮や大奥費用の節減といった江戸独自の米価低迷理由をうかがい知ることができよう。

同時期以降江戸期を通じて断続的に幕府を悩ませたのが「米価安の諸色《しょしき》高」問題である。米価の低下に対して、それ以外の商品・サービス価格の低下は軽微かむしろ上昇した。つまりは、米の絶対価格だけではなく、その相対価格が低下していったのだ。このような傾向に対して、再び注目されるのが貨幣の改鋳である。

そして元文の改鋳へ

徳川吉宗の下問に対して荻生徂徠が献上した『政談』は、1726年（享保十一年）頃に成立したと考えられている。4巻からなる政策提言のうち巻二が経済政策に関する提言にあてられている。

その中で述べられる経済政策論は、社会全体での浪費傾向・貨幣経済化を批判しつつ、一方でその実情に応じた政策を行わなければならないという現実主義的な提言となっている。

なかでも大きな問題として挙げられているのが、（米以外の諸商品の）価格高騰、金銀の量が減少したこと、資金の貸し借りが停滞していること――である。徂徠の政策論は、農村を中心とした経済に回帰することで米以外の価格を低下させ、貨幣改鋳によって経済を活性化し、金利の制限による健全な金融業の成長を目指すこととまとめられよう。なかでも貨幣改鋳については、

一挙に大きな改革をしようとすれば、騒動を引き起こして、世の中はいよいよ困窮していき、良い結果になることは望めない。だからさしあたり世の中の景気をよくす

る方法だけを講じなければならない……（そのためには）銅銭を鋳造するのが最も良い方法である

（『政談』、尾藤正英訳、P１３３）

としたうえで、さらには諸大名にも自由に銭を鋳造させるべきであるとしている。もっとも、徂徠の提言はそのままの形で受け入れられたわけではない。

第一に行われたのは１７３０年（享保十五年）の藩札発行に関する規制緩和である。藩札の発行は、多くの場合、大名家が商人に委託する形で行われる。必要がある場合には金・銀との交換を約束した藩札は、大名家の負債として領内に流通する貨幣である。

これは、現代の銀行が日本銀行に一定の準備預金を行ったうえで、銀行負債としての預金という貨幣を社会に供給しているのと類似の制度と言ってよい。規制緩和の直接的な理由は、財政難に苦しむ大名の救済にあったとされるが、これもまた日本全体に流通する貨幣量の増大につながる政策と言えよう。

そして１７３６年（元文元年）には、20年ぶりの改鋳が行われる。その主導者は大岡忠相（越前守、１６７７〜１７５１）であったとされている。ただし、改鋳されたのは銭ではなく、金・銀であった。新旧金・銀の品位は、

享保小判（17・7g）：金15・4g　銀2・3g　享保銀：銀80％　銅20％
元文小判（13g）：金8・6g　銀4・4g　元文銀：銀46％　銅54％

となっている。小判の総重量が3割ほど小さくなっている点にも注意されたい。それに伴い一分金の重量も低下している。享保小判1枚から元文小判は1・8枚鋳造できる。金・銀ともに45％の品位低下である。

元文の改鋳の特徴とされるのが、品位の高い旧金銀（慶長・正徳・享保金銀）との交換割合だ。旧金100両に対して、元文小判165両。旧銀1に対して、元文銀1・5での交換が行われている。元禄の改鋳において、旧金銀と新金銀をほぼ等価で交換させることで莫大な貨幣発行益を得たこととは好対照である。

貨幣発行益を取らず、貨幣流通量の増加を主な目的として行われたということから元禄・宝永の改鋳やのちの文政期の改鋳に対して元文の改鋳を高く評価する向きもある。しかし、貨幣発行益を取らなかったことのみをもって元文改鋳の評価を高めるのは少々早計であろう。

仮に元文の改鋳においても、旧金銀・新金銀の1：1交換が行われていたならば、幕府には700万両ほどの貨幣発行益が生じていたと考えられる。しかし、実際に幕府が得た発行益は100万両ほどだ。その差額は600万両である。

貨幣改鋳は旧金銀を多く持つ者——つまりは富裕層に課税し、その利益を財政支出を通じ、社会全体に給付するという機能を果たしうる。元文改鋳がこのような所得再分配機能を放棄している点は見逃してはいけないのではないだろうか。

元文改鋳後の物価は一転して上昇に転じる。経済史家の宮本又郎作成の京坂物価指数によれば、改鋳直後の乱高下を除くと、金建てでは50％ほど銀建てでは60％ほどの上昇と推計される。

そのなかで、米に代表される農産物の価格上昇はそのほかの商品の上昇率よりも高かったと考えられている。作柄や同時期に商工業が発達していたことなどの影響もあろうが、ここに米価安の諸色高という問題は、改善に向かうことになった。**貨幣改鋳によって米の相対価格を引き上げ、それによって武士・農民の困窮を救うという目的を達成したところに元文改鋳の大きな成果がある。**

4 完成する日本史の中の貨幣

吉宗期以降の幕府財政は小康状態を迎えた。幕府の非常用金庫とも言える奥御金蔵、蓮《はす》池《いけ》御金蔵の備蓄金銀は吉宗の死後も順調に増加を続け、300万両ほどに回復したようだ。財政の安定と同時に、同時期の物価も相対的に安定している。その中で、貨幣を巡る次なる変化が訪れたのは1765年（明和《めいわ》二年）である。

田沼期の政治と金貨の銀貨化

一般的に「田沼時代」とされるのは田沼意次《たぬまおきつぐ》（1719～1788）が徳川家治《いえはる》の側用人となる1767年（明和四年）頃以降を指すことが多いが、それ以前から幕政に対しては一定の発言力を持っていた。その田沼意次が勘定吟味役の川井久敬《かわいひさたか》（1725～1775、のちに勘定奉行、越前守）の献策をうけて1765年（明和二年）に鋳造させたのが明和五匁銀《めいわごもんめぎん》である。川井は五匁銀や二朱銀の発行だけでなく、1枚で4文として扱われる寛永通宝四文銭の発行を主導しており、当時の経済政策の中心人物であった。

先に説明したように、幕府の発行する金が小判や一分金といった計数貨幣であるのに対し、銀はその重さをはかって取引に用いる秤量貨幣であった。一方で、明和五匁銀は5匁（18・8g）という単位が示され、その表示通りの重量で発行されている。銀の純度は元文銀と同じであるが、重要なのはそれが計数貨幣であるという点である。

これまで秤量貨幣であった銀を計数貨幣にする、さらには銀の計数貨幣化によって1両＝60匁（明和五匁銀12枚）という固定相場に移行するという幕府の試みは成功しなかった。金・銀の交換や銀の計量によって手数料を得ている両替商に嫌われたことも指摘される。

さらに、すでに包銀などによって銀もまた一定の重量にそろえられている状況であったため、あえて五匁銀を用いる理由がなかったこともあろう。金・銀相場の安定という目的が果たされないとわかると、数年で引き換え回収が開始され、姿を消した。

明和五匁銀の失敗から生まれたのが、1772年（明和九年）に鋳造された南鐐《なんりよう》二朱《にしゆ》銀《ぎん》である。南鐐二朱銀の最大の特徴は、金の計数単位である「二朱」という額面を持った「銀貨」である点だ。南鐐二朱銀は重さ約10g（2・7匁）。品位はほぼ純銀と言ってよい。大坂を中心とした銀遣いの文化圏に、金の貨幣単位である二朱の額面を持つ銀貨を登場させることで貨幣の統一を目指したのだ。

その流通促進のため、幕府は両替商の南鐐二朱銀の取り扱いに補助金を支給し、さらには商人に対して4万両まで無利子・無担保で南鐐二朱銀を貸し付けるといった措置を行っている。

また、元禄二朱金の紹介の際に言及したように、額面二朱の貨幣は小判や丁銀ほど高額ではなく、銭ほどにはかさばらないという点で使い勝手の良い通貨でもある。南鐐二朱銀の登場によって、関西圏でも次第に丁銀や豆板銀といった秤量貨幣から、南鐐二朱銀という計数貨幣、さらには本来は金の単位である朱で数えられる貨幣への転換が徐々に進んでいくこととなる。

南鐐二朱銀の登場によって、関西圏における銀遣いがなくなったわけではない。元文金と元文銀は引き続き変動相場制による交換が行われ続けた。1770年代の金・銀交換相場は元文金1両に対し元文銀60匁前後である。

前述のように、銀遣い圏においても金貨が通用しなかったわけではない。大坂で金1両を使う場合には、正確にはその時の相場次第だが、その1両を銀60匁として使用できる。そして、南鐐二朱銀を使う場合には1両の8分の1——つまりは元文銀7・5匁（含まれる純銀は3・5匁）として使用できるということになる。

しかし、南鐐二朱銀に含まれている銀の量は2・7匁である。丁銀・豆板銀といった秤量銀貨と小判の交換レートと、南鐐二朱銀と小判の交換レートが異なっている。この交換比率の複線化が受け入れられるようになったということは、南鐐二朱銀がそこに含まれる銀の量と関係のない——つまりは名目貨幣であったということになるだろう。南鐐二朱銀は、松平定信《まつだいらさだのぶ》によって一時鋳造が中断されるが、文政期の改鋳まで流通を続け、次第に丁銀の流通量を上回るようになっていく。

南鐐二朱銀は含有される金・銀の価値とは無関係な貨幣、いわば貴金属でできた不換紙幣（金銀等との交換を約束されない紙幣）である。南鐐二朱銀によって「銀でできた金貨」が可能になった意義は大きい。その性質がさらに明確になるのが文政・天保の改鋳である。

◉家斉《いえなり》・忠成《ただあきら》の改鋳と名目貨幣の完成

松平定信による寛政の改革、定信自身の失脚後にもその基本的な政策を継承した寛政の遺老による政治、その後の文政・天保の改鋳に至るまで将軍・大御所として君臨したのが11代将軍徳川家斉（1773〜1841）である。

将軍在位は1787年（天明七年）から1837年（天保八年）の50年に及ぶ。将軍宣下を受けた時期には15歳と若く、定信やその後継者に抑えられて、独自の政策を行ったとは言いがたい。独自色のある政策を打ち出すようになるのは、1818年（文政元年）に側用人であった水野忠成を老中首座に据えて以降である。

生涯において51人もの子をもうけたことや、その子供を諸大名の養子とするために多額の支出を行ったことなどから、文政期以降の家斉の評判は芳しいものではない。しかし、諸大名への養子縁組の促進は徳川家の支配体制を強化する意味合いがあることも忘れてはならない。

将軍としての実権を確立した家斉による政策転換の第一が1818年(文政元年)に始まる貨幣改鋳政策である。その本格化は翌年以降の文政金銀の発行に始まる。

この改鋳は、家斉の支出を賄うために、純粋に貨幣発行益を求めて行われたものだ。そのため、旧貨幣である元文金銀との交換は基本的には1:1で行われている(3・5%程度のプレミアムや両替時の手数料が支給されている)。新旧金・銀の品位は、

元文小判(13g):金8・6g　銀4・4g　　元文銀:銀46%　銅54%
文政小判(13g):金7・3g　銀5・7g　　文政銀:銀36%　銅64%

と元禄・元文の改鋳よりも非常に控えめな品位低下である。むしろ文政の改鋳の特徴は南鐐二朱銀・一朱銀といった銀貨の鋳造にある。

文政南鐐二朱銀

天保一分銀

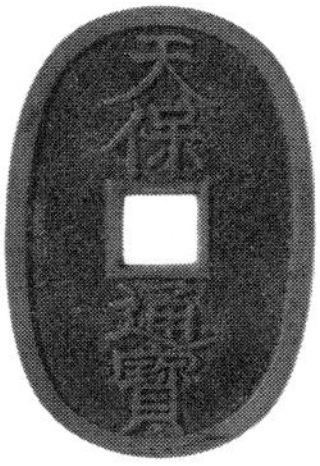

天保通宝

（すべて日本銀行貨幣博物館所蔵）

明和南鐐二朱銀はすでにその銀量とは無関係の貨幣となっていた。いわば銀でできた金貨であり、銀でできた紙幣である。このような名目貨幣を増鋳することは、これまでの貨幣改鋳以上に容易である。

1824年（文政七年）から発行が始まる文政南鐐二朱銀は、品位はほぼ純銀であるが、その重量は明和南鐐二朱銀よりも25％ほど軽い。

さらに、文政南鐐一朱銀の重量は文政南鐐二朱銀の3分の1ほどである。これまでの改鋳においては、同時期に発行された金貨同士の価格比は重量比によってきまっていた。元文一分金の重量は元文小判の4分の1の重さである。しかし、文政一朱銀・二朱銀に関しては、そのような重量と額面の比例関係はない。

ここからも、二朱銀、さらには一朱銀といった「金の単位を持つ銀貨」が江戸期の貨幣にとって大きな転機となる貨幣であることがわかる。一連の文政改鋳から得られた貨幣発行益は金の改鋳によるものが180万両、銀からの貨幣発行益は380万両と、文政改鋳における銀——なかでも南鐐銀の重要性も理解できるであろう。

同時期の物価の変動を見ると、1818年から1830年にかけての物価上昇は15％から20％に過ぎない。年率に直すと1％台の物価上昇率である。文政期の改鋳についても貨幣発行益の獲得で大幅なインフレが生じたと説明されることがあるが、データ上の裏付けはない。比較的データが豊富な米価のみに限定しても、作柄による米価変化は避けられないが、傾向的な上昇は大きなものではない。

余談ではあるが、人々の物価に対する意識は実際の物価上昇とは大きく乖離するのが通例である。例えば、日本がデフレの真っただ中にあった2012年においてもアンケート調査に対して半数近くの人が「1年前に比べて物価が上昇した」と答えている（日本銀行『生活意識に関するアンケート調査』2012年3月調査）。本格的なインフレ状態とは言いがたい現在（同2018年12月調査）では7割が物価は上昇したとの返答である。基本的に人は「物価が上がっている」と感じるもののようだ。これは**数量的なデータに乏しい時期の人々の感想・発言に関する史料を読み解くうえで注意しなければならないバイアスであろう。**

19世紀初頭から1830年頃にかけて、両・分・朱で表示される貨幣の総量は倍増し

1810年～1843年の物価変動（1810年物価＝100）

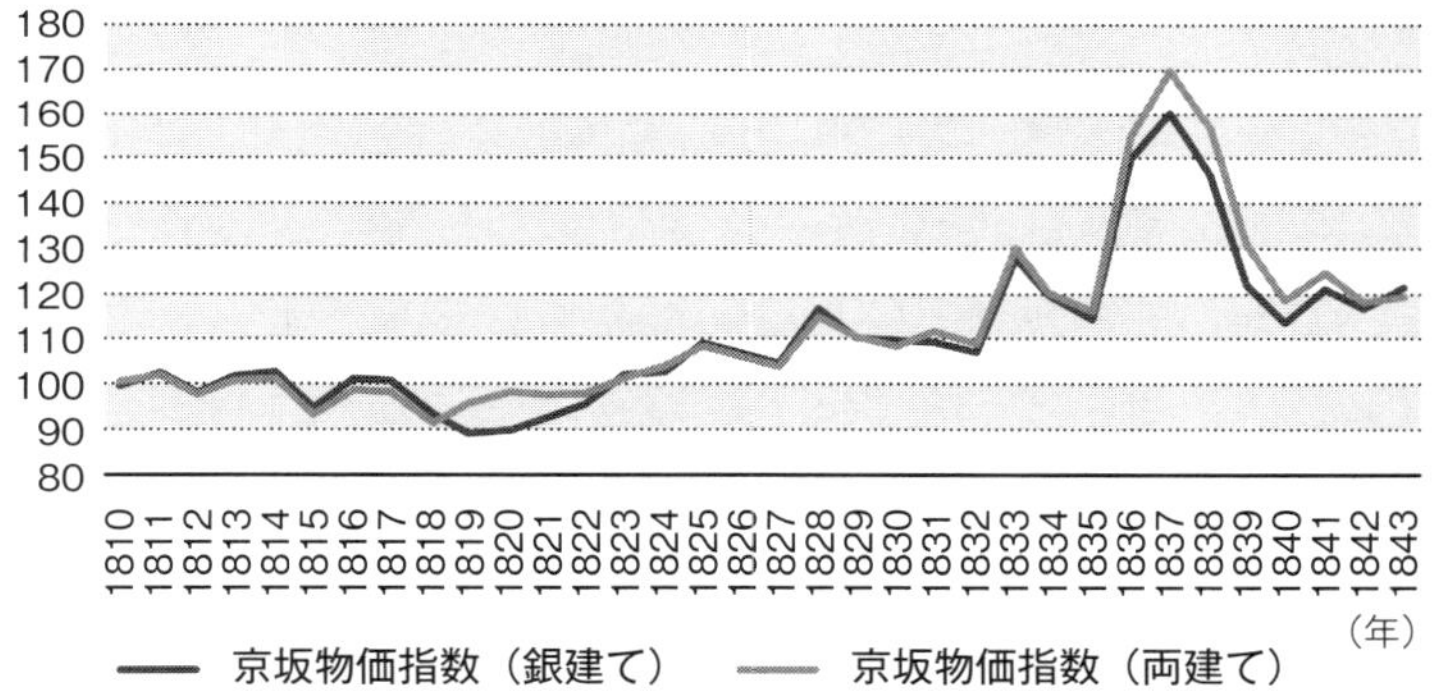

出典：宮本（1989），深尾（2017b）付表4より作成

ている。この貨幣量増大の多くは南鐐一朱銀・二朱銀の増発による。それにもかかわらず、物価の上昇はその3分の1程度であった。これは同時期に大幅な実体経済の成長、今日的に言えばGDPの増大がないと説明がむつかしい。

徳川家斉と水野忠成による文政改鋳は、幕府に大きな貨幣発行益をもたらした。そして、家斉はその改鋳益を惜しげもなく支出浪費した。同時期の幕府の金蔵備蓄額がほとんど増加していないことからも、その支出の大きさがうかがい知れる。

しかし、その浪費が江戸の最盛期をつくりだし、当時の日本をアジアで最も豊かな国にした功績も忘れてはならないだろう。現代の私たちが思い浮かべる江戸の街並み、江戸文

化の多くが同時期の文化に根差している。ここにおいて、

- **政府が発行し　〈政府負債であり〉**
- **原材料価値と額面価値が無関係で　〈名目貨幣であり〉**
- **誰もが貨幣として受け取るから貨幣として流通する　〈循環論法に支えられる〉**

は完成した。

これ以降、幕府財政において、貨幣発行益は主要な財政収入になっていく。１８３７年（天保八年）に始まる天保の改鋳では、さらなる「銀でできた金貨」である天保一分銀、１枚で寛永通宝１００枚に相当する銭である天保通宝などが発行される。１８４４年（弘化《こうか》元年）の幕府の財政収入を見ると、年貢米等の米方歳入が一種の公定米価である張紙値段で換算して約80万両であるのに対し、貨幣発行益は84万両となっている。貨幣発行益は一時的に莫大な財政収入を得る手段から、経常的な歳入手段へと進化した。その中で、凶作時の変動はあれど、継続的な物価騰貴は観察されない。

金属の価値に縛られない信用通貨制度の確立により貨幣発行益を得ることが可能になった。さらには、宝永改鋳で経験したような大幅なインフレを招かない改鋳ペースについて

の知識向上もあっただろう。全国の十数%を統治するに過ぎない江戸幕府は、かくして全国的な統治を行う財政上の安定を得た。

「日本の貨幣」の終焉

しかし、日本における信用通貨制度、それによる安定的な貨幣発行益に基づく財政運営は長くは続かなかった。1853年(嘉永六年)には米東インド艦隊を率いてペリー(Matthew C. Perry 1794~1858)が浦賀に来航する。港こそ限定されたものの、長崎での管理貿易とは異なり輸出入品の内容や数量の制限が難しくなる。自由な取引には通貨のやり取りが必要だ。

ここに至って幕府は通貨問題・国際為替問題に直面する。最大の転機は1856年(安政三年)に訪れる。米総領事であるハリス(Townsend Harris 1804~1878)との交渉において、幕府は金・銀に関する「同種同量交換」——発行国にかかわらず同じ種類・同じ重さの金属を同価値と扱うことを認めてしまう。

南鐐二朱銀、そしてその発展形である天保一分銀は、材質として銀を用いてはいるものの、その銀の量と価値が無関係ないわば「銀でできた紙幣」である。

天保一分銀の重さは2・3匁(8・6g)、ほぼ純銀に近い品位で規格されている。一分銀4枚で1両となる。ここから、金・銀の重さで比べるならば、金1両は銀34・4gということになる。ちなみに、この交換比は同時期の丁銀・豆板銀（天保銀）と天保小判の交換比率とは全く異なる。同時期の金銀相場は金1両＝銀65匁前後で推移している。65匁の天保銀の純銀量はおよそ63gである。小判と一分銀における金・銀交換比と、小判と丁銀・豆板銀の交換比率の乖離からも、天保一分銀は「金属としての銀」という性格を持っていなかったことがわかるだろう。

銀としての価値とは無関係の天保一分銀に関して「同じ量の銀」との交換を認めることは、材質と重さが同じであるという理由で「1万円札1000枚と同質の紙1kgの交換を認める」のと同じことである。

勘定奉行、外国奉行を歴任した水野忠徳《ただのり》（筑後守・下総守、1810〜1868）は、その問題点に気づき、同種同量交換が不可能であることを主張するが、長年の営為によって築かれてきた日本の貨幣制度を知る由もないハリスをはじめとする外交官たちを説得することはできなかった。一分銀の重さが重量単位としての両のほぼ4分の1に相当していたことから、ハリスらにとって一両と四分が等価なのは当然であるという主張の根拠になってしまったのではないだろうか。

当時の海外の金・銀交換レートは1：15ほどである。一方、一分銀4枚が銀34・4gであるのに対して天保小判は金6・4g、銀4・8gを含む。ここから金・銀の比価を計算すると、一分銀経由の日本国内における金・銀の交換レートは1：4・6となる。

海外商人にとって、この価格差は大きな魅力となる。当時の1ドル硬貨（メキシコ銀）は銀24g、品位はほぼ純銀である。するとメキシコ銀1枚は銀の同種同量交換の原則にしたがうと天保一分銀約3枚と交換できる。すると、

メキシコ銀4枚　→天保一分銀12枚　→天保小判3枚

という交換が可能ということになる。天保小判3枚には金19・1gと銀14・5gが含まれる。これを上海などに持ち込んで国際的な相場である1：15で銀と交換すると銀301g――メキシコ銀約12枚が得られることになる。日本で両替を行い、中国に持ち込むだけで4ドルが12ドルになるのだ。メキシコ銀と一分銀、一分銀と小判の交換需要が急増し、この小判投機により、国内から大量の金が海外に流出することになる。その額は30万両から50万両という推計から650万両とするものまであるが、問題は金流出だけではない。

幕府の貨幣体制にとって致命的であったのは、その対応である。

同種同量交換に反対し続けた水野忠徳は、事前にこのような投機活動が発生することを

予期していた。そのため、開国以前から国際的な金・銀の交換比率と国内の金・銀交換比率をそろえるための安政改鋳の準備を始めていた。安政改鋳の要点は、安政二朱銀（含まれる純銀は11・5g）にある。小判と安政二朱銀の間で金と銀の交換レートを1：15に設定し、メキシコ銀に対しては安政二朱銀と銀重量に基づいて交換することとしたのだ。

しかし、小判投機により巨額の利益を得ていたハリスら外交官はこの改鋳に強く反発する。ちなみに当時の欧米のアジア地域での外交官は商人を兼ねている者が多い。幕府は小《お》栗忠順《ぐりただまさ》（1827〜1868）を米国に派遣して、安政の改鋳の正当性を訴えるが、安政の改鋳を撤回せよとのハリスらの要求を止めることはできなかった。

日米間の交渉を経て、たどり着いた妥協案は金としての価値の低い小判の鋳造であった。銀貨の価値を上げるのではなく、金貨の価値を下げて対応したのだ。これをうけて、1860年（万延《まんえん》元年）に万延小判が発行される。万延小判は総重量3・3g、含まれる金は2gほどの豆小判である。

一方、安政一分銀4枚に含まれる銀の量は約30gであることから、万延小判と一分銀の間には、ほぼ金1：銀15の交換比率が成立していることがわかる。ここにおいて一分銀経由の日本国内の金・銀交換比は海外の一般的な価格比と同じになり、金の流出は止まる。旧小判との交換は大幅なプレミアムを付けて行われており、この改鋳からはほとんど発行益は生じていない。あくまで外交上の理由による改鋳である。

問題はこのプレミアムの大きさだ。文政小判100両と万延小判342両、天保小判100両と万延小判313両という増歩での交換が行われた。さらに市中でも旧小判は新小判3枚に相当するとして取り扱われるようになる。これは、日本国内における金貨の量が突然3倍になるということだ。宝永の改鋳以上のペースで国内の物価は急騰を始める。

さらには、200年の歳月をかけて築きあげられてきた通貨制度そのものへの信頼も揺らいでいったことだろう。1860年からの5年間で、京坂地区の物価は1850年代の5倍以上に、江戸の物価は4倍にまで騰貴する。このような急激なインフレーションがもたらした社会不安もまた維新への原動力となったのではないだろうか。

幕府の信用に基づく貨幣制度——政府負債であり、名目貨幣であり、貨幣であるから貨幣であるという循環論法に支えられる貨幣は終わりを迎えた。**新羅《しんら》の銀で作られた無文銀銭から始まった日本の貨幣は、メキシコ銀によって大きな転換期を迎え、国際的、近代的な貨幣秩序の中に飲み込まれていくことになる。**

終章

解題にかえて

――歴史から考える転換期の貨幣

経済理論の検証は、通常、数量的なデータに基づいた計量的な分析によって行われる。しかし、貨幣制度（レジーム）の転換はそう頻繁には訪れない。そのため、整備された豊富なデータが存在する近代以降のみでは、このような転換期の経験自体が少なく、データに基づいて考えるための材料が不足することになる。だからこそ、歴史的事例という容易には数値化されないデータから、その経験を抽出していく必要がある。

無文銀銭《むもんぎんせん》からはじまり、幕末の金流出に至る貨幣の日本史は私たちに何を教えてくれるのだろう。本章では解題にかえて、これまで言及してきた論点も含めながら、歴史的事実から紡ぎだされる経済理論について考えてみたい。

●税金クーポンとFTPL

富本銭《ふほんせん》から和同開珎、そして平安初期までの古代貨幣は財政収入を得ることを大きな目的に発行されてきた。貨幣発行益を得るためには、政府が発行する銭《ぜに》――例えば和同開珎が鋳造費用を超える価値をもって民間経済に受け入れられなければならない。和同開珎にその銅以上の価値を与える方法のひとつが、それに税の支払い手段という価値を加えることである。

しかし、単なる税金クーポンとしてのみ和同開珎が用いられる状態では、そこから純粋な貨幣発行益を得ることはできない。概念的には、和同開珎1枚の発行から得られる利益は、ある日に鋳造した1枚の和同開珎が税として政府に納められるまでの期間によって決まる。

ある日「朝廷が稲10束を和同開珎で購入した」としよう、これはいつの日にか「稲10束の代わりに和同開珎で納税される」ことを意味している。これは一定期間稲を借りていたことと同じである。**発行から納税までの期間、無利子で国債を発行できたことが貨幣発行益の正体というわけだ。**

政府負債であることが貨幣価値の根本であると考えると、貨幣や国債といった政府負債と物価に関するFTPL（Fiscal Theory of Price Level：物価の財政理論）に行き着く。

政府負債が価値を持つのは、将来の税収で債務を返済することができるからと考えられる。この前提を受け入れるならば、現時点での政府負債はこれから政府が獲得する財政黒字と等しくなっているはずだ。より詳しく説明すると、現時点の政府の純粋な負債額は政府負債から政府の資産を引いた額になる。これを政府純債務と呼ぼう。これを現在の物価で割ったものが実質政府純債務である。この実質政府純債務と将来の実質財政黒字（の割引現在価値）は等しくなると考えられる。ここから、

現時点での政府純債務　÷　物価　＝　実質財政黒字の割引現在価値

という関係が導かれる。ちなみに、政府負債は現代であれば、国債・現金・日銀預金（日銀にとっての負債）の和である。一方の実質財政黒字は、税収・貨幣発行益と支出との差額（広義の財政黒字）を各時点の物価で割った数値だ。

仮に将来の財政黒字見込みが一定であれば、現時点での政府純債務が大きいほど物価水準は高くなる。その負債の内訳――国債・現金・日銀預金それぞれの割合は物価には関係しない点に注意されたい。

ここで、将来政府の財政状況が悪化すると予想されたとしよう。これは、数式のうえでは実質財政黒字の割引現在価値の低下である。このような予想の変化は瞬時に起きる一方で、現時点の政府純債務の額はすぐには変化できない。政府の負債や資産は過去の経緯からすでに決まってしまっている。その額は実際に国債や貨幣を発行しないと変化しない。このとき、予想の変化に伴ってすぐに変化し得るのは物価のみということになる。この等号関係を維持するためには、政府の財政悪化が予想されると、その時点で物価は上昇するしかない。

幕末のインフレーションは実際の貨幣量の増加を大きく上回る。その理由のひとつとして、幕府への信頼低下、より直接的には「幕府財政黒字の現在価値」の低下ととらえると、幕末の物価騰貴はFTPLのモデルの好事例となり得るだろう。

物価が貨幣そのものではなく財政収支から決まるとしたFTPLであるが、その実証分析でのパフォーマンスはそれほど芳しいものとは言えない。その理由としては、財政政策運営の特性を挙げるものから、実証分析の不備によるもので理論自体は正しいとするものまで様々であるが、ここで注目したいのは貨幣になった政府負債の持つ特殊性である。**発行から納税までの平均期間が長くなればなるほど、貨幣発行益は大きくなる。**ある種の政府負債が第2章で言及した〈貨幣形態Z〉に昇りつめたとき、この期間は最も長くなる。半永久的に納税に用いられない税金クーポンが登場するのだ。

「他の人が貨幣として受け取ってくれるから貨幣である」という循環論法の中にいるとき、その政府負債の税金クーポンとしての性質は極限まで薄くなる。当初はその価値の基礎であった「納税に用いる」という使途は、無数にある貨幣の使途のひとつに過ぎなくなっている。貨幣形態を得た政府負債は、政府負債としての役割しかもたない債務証書とは異なる価値を身に纏っている。

その特殊性を考える際には、完成された信用通貨システムとしての日本銀行券、つまりは現代の紙幣を想起するとよい。

1万円札という政府負債の返済を政府や日銀に求めたとき――使い古した1万円札の代わりに手渡されるのは新しい1万円札であろう。貨幣となった政府負債は、貨幣となった政府負債によって返済することが可能だ。これは、今日では、貨幣のみに限定される性質ではないかもしれない。国債の償還期限が来たとき、その国債が自国通貨建て（日本であれば円単位で発行されている）ならば、新たに国債や紙幣を発行すれば何らの財政負担なしに国債を償還することができる。

自国独自の通貨を持ち、債務を自国通貨建てで発行している政府が文字通りのデフォルト（債務返済不能）となることはない。そのような国の政府にとって債務残高には意味はなく、むしろ完全雇用といったより重要な政策目標を達成するまで、積極的に債務を増やしていくべきだとの主張もある。このような政府負債の理解は近年、ＭＭＴ（Modern Monetary Theory：現代金融理論）として注目されている。

●信頼できる債務者としての政府

金融資産・負債の総額が増大するためには、十分な収益・返済を見込める借り手、つまりは信頼できる債務者が必要だ。一国内での債務・債権関係の量――信用量が経済状態を決定するという理論は経済学においても根強い支持を得ている。

信用は人々の心理に大きく左右される。比較的良好な経済状態が続いたとき、投資家はリスクに対して寛容になる。

例えば、以前であれば貸付を行わなかったであろう相手に対しても、貸付を行うようになるだろう。貸付を受けた、つまりは資金を借り入れた企業や個人は、その資金を使って様々な資産や財・サービスを購入する。その結果、経済状態はさらに上向いていく。多くの投資家がリスクに対して楽観的に振る舞うことが、景気を改善し、結果としてその楽観的な予想を正しいものとしてしまう。このような予想の自己実現を通じて、投資家の予想はさらに楽観的になり、経済はさらに拡大していく。

この種の景気拡大は本質的な不安定性をはらんでいる。楽観の自己実現には限度がある。どこかの時点で、のちにふりかえるととてもリスクに見合った収益があるとは考えられない投資対象にまで投資が行われるようになるかもしれない。

ある者が保有する金融資産は、他の誰かの金融負債である。負債が返済不能になったとき、その債権者の資産は失われる。経済全体の信用量が拡大しているときには、債務・債権関係は重層化する。

例えば、A社が銀行から借り入れた資金を用いてB社に投資しているとしよう。このとき、A社はB社に対して債権者であり、銀行に対して債務者である。さらに銀行はA社に対して債権者であると同時に、預金者に対して債務者である。その預金者も、他の誰かに対する債務を抱えているかもしれない……。

信用の連鎖が張り巡らされている状況では、一部の企業の債務不履行が連鎖的な債務不履行をもたらすことになる。その結果生じるのが信用量の急速な縮小だ。信用の急収縮は経済状態を大幅に悪化させる。このような信用経済の脆弱性は2000年代の世界金融危機（いわゆるリーマンショック）によって再び注目されるようになっている。信用収縮によって悪化した経済が再び立ち直るためには何が必要だろう。

債務を返済する力の弱い企業が倒産によって消滅し、市場の中で信用できる債務者の割合が高まることで、新たな信用の連鎖が生まれる。新たな信用拡大のサイクルが始まることで再び経済は拡大にむかう。これが伝統的な理解である。しかし、この信用収縮に立ち向かうことができる――つまりは債務を拡大することで社会全体の資産の量を減少させないようにできる経済主体はないものだろうか。

政府はその役割を果たし得る可能性がある。返済不能になり得ない政府は、信用の急収縮に対して、国債などの債務を発行することで立ち向かうことができるし、そうすべきだというわけだ。このように説明すると、ごくもっともな主張に感じられるかもしれない。確かに、経済のある局面では、一時的な財政赤字を恐れることなく、支出を行う政府が必要となることがある。しかし、政府の財政は万能ではない。例えば、政府が国債を発行し、それによって調達した資金をもとに様々な資産・財・サービスを購入したとする。このとき、資産・財・サービスの価格はどのように変化するだろう。

これらの価格が上昇しない範囲においては、政府負債を増やすことによって、経済全体の金融資産の量を維持するという提言は一定の合理性を持っている。ここで元禄・文政の改鋳に関する解説を思い出してほしい。経済全体の供給能力に余裕がある場合、貨幣改鋳、現代で言えば金融緩和や財政の拡大はそれほど大きなインフレをもたらさない。このとき、貨幣発行益の主な源泉は経済成長であり、政府は少ない負担で支出を拡大できる。

しかしながら、経済の供給能力には限界がある。経済の供給余力が小さくなるにしたがって物価上昇は急激になっていく。政府債務拡大による需要増はいずれかの時点でインフレーションをもたらすだろう。経済の供給能力の限界――労働市場で非自発的な失業者が払底されている状態では、このインフレによる失業の減少、それによる経済成長は望めない。インフレ下での貨幣発行益は、それまでに政府債務・貨幣を保有していた者の実質的な資産目減りからもたらされる。いわゆるインフレ税である。

政府負債による政府支出の拡大にはインフレーションという限界がある。**インフレーション――物価の上昇とは貨幣価値の低下である。**インフレがあまりにも激しく、継続的なものと予想されると資産としての貨幣への信用が失われる。将来価値が低下する資産を積極的に保有しようとする者はいないからだ。

皇朝十二銭《こうちょうじゅうにせん》の末期、改鋳ごとに価値が10分の1になる貨幣は次第に人々から避けられ、その結果貨幣としての地位を失っていった。現代の先進各国で、2％程度のインフレを目標として金融政策が運営されているのも、大幅なインフレーションを避けることを明示することがひとつの理由である。

定常不況と貨幣の呪術性・神秘性

一方で、政府が発行する貨幣は政府負債でありながら、国債等の明示的な債券とは異なる性質を持っている。これは貨幣となった商品についても同じである。一商品に過ぎない絹と貨幣としても用いられる絹は異なる価値を持つことを思い出されたい。

ここで視点を政府から民間の一個人に移してみよう。個人はなぜ貨幣を保有するのだろう。標準的な経済理論では、財・サービスの購入にあたって貨幣が必要であるから（他の資産より収益率のはるかに低い）貨幣を保有すると想定している。また、貨幣に限らずなんらかの資産を所有するのは、将来のどこかの時点で貯蓄を取り崩して消費を行うためであると考える。いずれも人々の行動の終着点を消費と考える点が特徴である。

この想定は本当に正しいだろうか。将来の消費のためではなく、貯蓄そのものから得る満足――例えば、預金通帳の残高が増えていくという事実に快感・安心を覚えるという動機もあるのではないだろうか。このような「貨幣愛」が存在するとき、ひとたび不況に陥った経済は自律的には回復には向かわない可能性がある。

なんらかの理由で貨幣としての地位を得た銭に対して、人々が将来の備えを超えた貨幣愛を感じている状況を想像されたい。このとき、銭の保有自体から得られる以上の快楽・安心をもたらすものでない限り、銭が消費や投資にむけて支出されることはない。実体的な経済活動である財・サービスの購入や投資活動が行われにくくなることで、経済は必然的に停滞する。**経済の停滞は物価の下落、つまりは銭の価値の上昇をもたらす。人々の貨幣愛が、銭の価値を高めることで資産としての収益性までも高めてしまう結果となるのだ。**

このような貨幣愛に基づく長期不況に着目する理論は、理論経済学者である小野善康の一連の研究に負うところが大きい。人々の土地愛がもたらす不動産バブルと貨幣愛がもたらすデフレ不況を同じ論理から説明できるという点で非常に魅力的な理論である。

もっとも、将来の消費、もしもの際の準備という意味を超えた貨幣愛が存在するか否かは経済学の中でも議論が分かれる。仮に人々が、少なくとも一定割合の人が純粋な貨幣愛を持っているとしたならば、それはどのような心理に由来するものなのだろう。一部では神経科学を援用した研究も行われているが、この分野で史的検討の果たす役割は小さくないだろう。古代から中世の銭貨が持った厭勝銭《えんしょうせん》としての性質、古代貨幣の意匠における宗教・儀礼上の意義は、今日の私たちの中にある貨幣愛の由来を考えるうえで大きな意味を持ちうる。銭貨の考古学的、文化人類学的な性質に考察を加える能力が筆者にない点が悔やまれる。

人々の貨幣愛によって貨幣に需要が集中し、その結果として財・サービスの需要が不足する状態を解消するためには何が必要であろう。

そのひとつの可能性を、中世における銭貨の展開は示しているかもしれない。中世における銭貨の量は、少なくともその当初は、中国からどの程度の銭が輸出されるかによって決まっていた。その渡来銭《とらいせん》に人々の需要が集中すると、銭の価値はさらに上昇し、それによって資産運用手段としても銭の貯蓄は合理的になる。

不足する銭貨に対して、中世の商人たちが編み出したのが一種の手形（割符《わりふ》）という民間信用によってその不足を補う方法だ。また、海外や国内で私的に鋳造された後の鐚銭《びたぜに》の活用などもその一手法と考えることができるかもしれない。

しかし、民間経済の中での信用連鎖が本質的な不安定性を免れないことはすでに指摘した通りである。このような貨幣への需要集中に対する典型的な処方箋は、貨幣を保有することのコストを高めることとなるだろう。

その経済で使われている貨幣が政府発行のものであれば、政府が貨幣の供給量を少しずつ増大させることで希少性を低め、価値の緩やかな低下――つまりはインフレを引き起こすという政策が可能である。インフレによって、貨幣の資産としての有利さが低下することで、貨幣の使用を促していくのだ。

ビットコインに代表される電子通貨・暗号通貨の拡大によって、貨幣を政府以外の手にゆだねていくとの主張の魅力は増大している。政府負債としての性質も、商品としての価値も持たない暗号通貨と中世貨幣との類似性は多くの論者の指摘するところである。しかし、貨幣の供給を経済システムの外部にゆだねたとき、貨幣需要の集中とそれによる財・サービスへの需要停滞に対して、対抗する手段はほとんど失われてしまう。その危険性は、暗号通貨や中世銭貨の話を持ち出すまでもなく、固定相場制や統一通貨の問題点として近代以降においても何度も顕在化してきた問題だ。

シニョリッジは誰のもの?

人々の貨幣愛が強く、貨幣に対する需要の集中が容易に解消できそうにない状況とは、裏を返せば、容易にインフレにならない状態ということだ。貨幣発行は、インフレが生じない範囲において、ごく軽微な負担で政府支出の拡大を可能にする。つまりは、低負担で貨幣発行益を得る大きな機会なのだ。長期的な経済停滞の中で、貨幣発行益を用いて貧困層の救済や労働者の所得向上を行うという発想は、英労働党の党首ジェレミー・コービン(Jeremy B. Corbyn)によってPeople's Quantitative Easing(人民のための量的緩和)と名づけられている。

また、直接的な支配関係のない対象からも税収を得られるという貨幣発行益の性質は、今後さらに重要になっていくであろう。

財政基盤の弱い江戸幕府は、貨幣発行益なしには安定的な政権運営をできなかった。そして、今後の経済において、政府がその会計情報を十分に把握できない経済活動は増加していくだろう。そのとき、適度な貨幣発行益の管理は財政運営にとって重要な責務になっていくのではないだろうか。

経済学者の井上智洋は、ＡＩ(人工知能)技術の発展に伴い減少していく労働需要、それに伴う失業の発生に対して貨幣発行益を原資とするＢＩ(ベーシックインカム)の必要性を提言している。

一方で、貨幣発行益の「誰からも徴収できる」という性質を国家が独占することを危惧する議論も少なくない。これらの議論の中で、貨幣の発行を民間の手にゆだねるべきか、政府が独占的に確保すべきかをめぐる議論は、貨幣の特殊性をどの程度本質的な問題ととらえるかという認識差に依存している。一商品、民間同士の債務債権の一種として貨幣をとらえるならば、その発行を民間の自由な活動にゆだねるという視点には一定の合理性があるかもしれない。

その一方で、貨幣の特殊性を重視するならば、それを民間や海外の経済主体にゆだねることには慎重にならざるを得ない。

循環論法によって支えられる貨幣の発行には、必然的に貨幣発行益を伴う。これは電子・暗号通貨においても例外ではない。

ビットコインを例にとると、その取引情報を記録することに成功したマイナー（採掘者）はビットコイン単位で報酬を得る。この採掘報酬という貨幣発行益を得るためには、大規模な計算問題を一番早く解かなければならない。その勝敗を決する大きな要因が使用するPCの計算能力であり、そのようなPCを稼働させるための膨大な電力使用である。各マイナーは計算を解く速度を上げるために、そこから得られる報酬に見合う水準まで大量のPCを、ひいては電力を投入することになる。**無から有を生み出すように感じる暗号通貨も、その供給のためには電力という資源が用いられていることを忘れてはならない。**

このような電力使用競争の勝敗を分けるのが電気料金である。電気料金が安い国・地域のマイナーにビットコインの貨幣発行益がもたらされる。多くの先進国から見ると、ビットコインの貨幣発行益は海外の経済主体に帰属する。これを深刻な国富の流出ととらえるか、貨幣という便利な制度の維持・メンテナンスを安価に海外に外注することを可能にしたととらえるかは評価が分かれるところだろう。

自国通貨の信用を維持できない国、自国政府による統制または国際的な制裁によって海外通貨の使用が制限される国においてビットコイン等の電子・暗号通貨の使用が広がっている。それが従来から存在した資産の海外逃避の域を出ないのか、当該国での主要な通貨のひとつに成長していくのかは未知数である。

●暗号通貨と複数通貨の可能性

先進国の貨幣システムの中で生活していると、その特殊性に気づくことなく過ごしてしまう。貨幣経済の中で「貨幣」を考えることには、言語によって「言語」を考えることに似た困難がある。電子・暗号通貨の登場はあらためて、現代の貨幣制度を相対的に思考する機会であろう。

一方で、先進国における代替通貨の普及は、国家貨幣の信用崩壊による全面的な転換という形をとる可能性は低いと、筆者は、考えている。むしろ特定の経済活動に関係する人たちの国境を越えた取引の中で普及し、国内においても用いられる――地域通貨ならぬ、経済活動限定通貨という形をとるのではないだろうか。

近年、Ｗｅｂショッピングなどで付与されるポイントが日本円等に換金されず、そのまま同じＷｅｂサービスの中で支払い手段として機能している例は多い。これらのサービスはいずれもポイントと日本円との交換レートが固定され、その記録管理はサービスの運営者によって一元的に行われており、分散型のシステムを持つものが多い電子・暗号通貨とはシステムが大きく異なる。しかし、特定の用途、特定の経済活動を主な活動範囲とする国際的な取引において、電子・暗号通貨が使われ、地理的な意味での国内においては複数の通貨が併存する可能性もあろう。

ビットコインの２０１７年の暴騰、その後の暴落を経て、電子・暗号通貨はリスク・リターンとも大きい投機対象というイメージが強まっていった。しかし、最近では主要通貨との交換レートは落ち着きを取り戻しつつある。この中で、特定の経済活動において国際的な決済手段となる電子・暗号通貨が現れたとき、いわば地理的に限定されないビットコイン経済圏が確立されたとき、電子・暗号通貨は「他の誰かが貨幣として受け入れるが故に貨幣」という循環論法への梯子を上ることになるかもしれない。

複数貨幣の併存という観点からとらえると、電子・暗号通貨は中世銭貨以上というよりも、江戸の貨幣制度を想起させる。金・銀・銭の交換レートの変化に振り回された幕府のように、主要国の通貨当局がビットコインとの交換レートに配慮しながら経済政策運営を行う日はくるのだろうか。

歴史、なかでも前近代の歴史には史料の不足から当時の人々の営為を十分に把握できない部分が多い。その一方で、残された断片的な証拠から思いをはせると、ふと未来に関する想像力が刺激される。経済活動の根本にかかわる貨幣を語るにあたって、これからも、その歴史的な変遷は豊かな情報の源であり続けるのではないだろうか。

おわりに

本書に大きな影響を与えた本、むしろその存在自体が本書を書くことの原動力になった本が3冊ある。いずれも発刊当時の各分野における革新的な研究業績であり、今もその価値は薄れていない。

ただし、そのいずれについても、筆者は、主要結論や導かれる政策提言については納得できない部分が残る。いわば「のどに刺さった小骨のような3冊」が本書執筆の動機となっている。

少なからぬ読者はお気づきのことと思うが、その第一が『貨幣論』(岩井克人、筑摩書房、1993年)である。その議論の詳細は本書の第2章で紹介している。貨幣商品説(特定の商品が貨幣となる)と貨幣法制説(権力や法によって貨幣となる)という代表的な貨幣の根拠に対し、その両者がともに貨幣の必要条件ではないことを明らかにする論理には爽快感すら感じる。明確な基礎がなくとも、なぜか「貨幣になってしまったもの」に人々は高い価値を感じるようになる。では、人々が貨幣に感じる価値とは何のことなのだろう。その解明を進めることは純粋に知的探究にとどまらない政策的な意味を持ちうる。

この「貨幣に感じる価値」がもたらすものについて、『貨幣経済の動学理論』(小野善康、東京大学出版会、1992年)で示された仮説の意味は大きい。理由は何であれ、心理的な貨幣への欲求が飽和しないとき――ごく平易な数学的モデルから経済は自律的には脱出できない長期定常不況に陥ることが示される。90年代後半以降の日本における長期経済停滞を説明する論理として、管見ながら、同書のモデル以上にシンプルかつクリアなものには未だ出会ったことはない。

学生時代から20余年。論文を書くにせよ、政策や経済事情に関するエッセイを書くにせよ、貨幣や金融政策について考えるとき、いつも思考の出発点となるのはこの2冊だ。一方で、この2冊を真剣にとらえるほどに、人々が貨幣に感じる価値とは何かの理解が極めて重大な意義を持つように感じられてならない。

この課題を考えるために、「貨幣のない世界」から「貨幣のある世界」への移行期に目が向くのはごく自然なことだろう。

その中で出会ったのが『日本古代貨幣の創出』(今村啓爾、講談社学術文庫、2015年)である。古代における貨幣がまさに当時の政策担当者によって「創出」されたことを示した同書の議論は、筆者の長年の疑問への大きな鍵となるのではないか。同著者の論文やその後の論争について十分な理解に至っているとはいいがたいが、この予感は未だ失われていない。自身の不勉強を恥じるのみだが、同書の旧版（小学館版）は２００１年に出版されている。その出版時点で、和同開珎銀銭・銅銭の移行問題を知っていれば、本書を十数年以上前に執筆できていたのではないかと思うと残念でもある。

実のところ――本書は当初、日本史を例として教科書などに登場する主要な経済理論を紹介する企画として依頼された。

しかし、その依頼とほぼ同じ時期に『日本古代貨幣の創出』に出会ってしまった。そうなると、経済と歴史に関して何を書いてみても「もっと重要なことがあるじゃないか」との思いが拭えない。結果、いただいた企画案とはかなり離れた内容になってしまった。度重なる企画変更を受け入れてくださったＰＨＰエディターズ・グループの鈴木隆氏には実に感謝するところである。

本書は、貨幣の歴史を題材として、現代の貨幣、さらには未来の貨幣を考える論理の抽出を試みている。その過程で、歴史的な事例になんらかの説明を加える記述も登場する。このような「歴史の説明」にあたっては、特に「経済学者による歴史の説明」においては注意しなければならない点がある。

あらゆる現象について、それを経済的な損得勘定（インセンティブ）に落とし込むことこそが「説明」である——と考えてしまうのは経済学者の習性かもしれない。少なくとも、私はそうだ。複雑きわまりない慣習や不可解なルールの背景が個々人のインセンティブから説明できることがわかると安心するし、単純にうれしい。

その一方で、現代の主流派経済学が依拠している価値に関する想定、主観価値説を忘れてはならない。そこでは価値の源は「それを良いと思う人の主観（選好）」にあるとされる。主観価値説を大切にするからこそ、歴史的な対象を語る際、当時の人々にとっての損得勘定が現代のそれとは大きく異なる可能性に注意しなければならない。

貨幣の流通や貯蔵に対して、我々はついつい現代的な意味での損得に基づく解釈にひきつけられてしまう。しかし、同時に当時の人にとって呪術や宗教的価値がリアルなインセンティブを提供した可能性を軽視してはならないだろう。

そこで本書では、歴史上の出来事に対して、現代的な意味でのインセンティブを用いて説明するのは、それなりに現代的な合理性による説明が最もシンプルだと感じる場合、少ない論理のステップで状況を解釈できる場合に限っている（つもりである）。より明解な解釈があるという場合は是非お知らせ願いたい。

当初来の執筆動機であり、少なくとも私自身は重要な問題であると考えている「人々が貨幣に感じる何か特別なもの」の探究は、これからも継続的に考えていきたい。

本書では古代から近世に至る長い期間を対象にしたため、中世の信用経済、江戸期のもうひとつの通貨である藩札や商人間の貸借、さらに幕府による融資制度整備に関する膨大な研究業績に踏み込むことができていない。これからもゆっくりとした時間をかけて、歴史の中の貨幣論を見出していきたい。

二〇一九年五月

飯田泰之

参考文献

【古代】

・宇治谷孟（１９８８）、『全現代語訳　日本書紀（上）（下）』、講談社学術文庫
・宇治谷孟（１９９２・１９９５）、『続日本紀（上）（中）（下）』、講談社学術文庫
・今村啓爾（２０１５）、『日本古代貨幣の創出　無文銀銭・富本銭・和銅銭』、講談社学術文庫
・栄原永遠男（２００２）、「貨幣の発生」、桜井英治・中西聡編『新体系日本史12 流通経済史』第1章、山川出版社
・栄原永遠男（２０１１）、『日本古代銭貨研究』、清文堂
・松村恵司（２０１２）、「和同銀銭をめぐる史的検討」、『文化財論叢Ⅳ』（奈良文化財研究所創立60周年記念論文集）、Ｐ３６７～３７８
・松村恵司（２０１４）、「富本銭から貨幣の始まりを考える――都城造営と貨幣発行――」、『史友』第46号、青山学院大学史学会、Ｐ１～22
・三上喜孝（２００５）、『日本古代の貨幣と社会』、吉川弘文館
・森明彦（２０１６）、『日本古代貨幣制度の研究』、塙書房

【中世】
・井上正夫（２０１３）、「預り文言の割符の発生過程に関する試論」、『松山大学論集』、25巻４号、松山大学、Ｐ１〜30
・伊藤啓介（２０１４）、「中島圭一氏の「中世貨幣」論と中世前期貨幣史研究」、『日本史研究』、６２２号、日本史研究会、Ｐ16〜35
・井原今朝男（２０１５）、『中世日本の信用経済と徳政令』、吉川弘文館
・川戸貴史（２０１７）、『中近世日本の貨幣流通秩序』、勉誠出版
・桜井英治（２０１１）、『贈与の歴史学』、中公新書
・清水克行・高野秀行（２０１５）、『世界の辺境とハードボイルド室町時代』、集英社
・鈴木公雄（２００２）、『銭の考古学』、吉川弘文館
・鈴木公雄編（２００７）、『貨幣の地域史』、岩波書店
・高木久史（２０１７）、『近世の開幕と貨幣統合』、思史閣出版
・高木久史（２０１８）、『撰銭とビタ一文の戦国史』、平凡社
・中島圭一（２０１４）、「「中世貨幣」成立期における朝廷の渡来銭政策の再検討」、『日本史研究』、６２２号、日本史研究会、Ｐ２〜15

【近世】

・飯島千秋（２００４）、『江戸幕府財政の研究』、吉川弘文館
・井上正夫（２０１２）、「江戸時代末期における金銀比価について」、『松山大学論集』、24巻4－2号、松山大学　P４７９～４９５
・岩橋勝（１９８１）、『近世日本物価史の研究――近世米価の構造と変動』、大原新生社
・桑原武夫訳（２００４）、『新井白石「折りたく柴の記」』、中公クラシックス
・小柳津信郎（１９９８）、『近世賃金物価史史料』、成工社出版部
・寺出道雄（２０１５）、『新井白石の経済学　付注と考察』、日本経済評論社
・寺出道雄（２０１５）、「「白石建議」概観」、『三田学会雑誌』、１０８巻1号、P２３５～２４６
・尾藤正英抄訳（２０１３）、『荻生徂徠「政談」』、講談社学術文庫
・藤田覚（２０１８）、『勘定奉行の江戸時代』、ちくま新書
・三上隆三（１９９６）、『江戸の貨幣物語』、東洋経済新報社
・宮本又郎（１９８９）、「物価とマクロ経済の変動」、新保博・斎藤修編『近代成長の胎動』、岩波書店、P67～１２６
・村井淳志（２００７）、『勘定奉行荻原重秀の生涯』、集英社新書
・山﨑隆三（１９８３）、『近世物価史研究』、塙書房

【歴史全般】

・マディソン、アンガス（2015）、『世界経済史概観　紀元1年―2030年』、政治経済研究所監訳、岩波書店
・磯田道史／倉本一宏／F・クレインス／呉座勇一（2018）、『戦乱と民衆』、講談社現代新書
・杉山伸也（2012）、『日本経済史　近世―現代』、岩波書店
・高木久史（2016）、『通貨の日本史　無文銀銭、富本銭から電子マネーまで』、中公新書
・滝沢武雄（1996）、『日本の貨幣の歴史』、吉川弘文館
・瀧澤武雄・西脇康編（1999）、『日本史小百科　貨幣』、東京堂出版
・深尾京司・中村尚史・中林真幸編（2017a）、『岩波講座　日本経済の歴史（1中世）』、岩波書店
・深尾京司・中村尚史・中林真幸編（2017b）、『岩波講座　日本経済の歴史（2近世）』、岩波書店
・村上直・高橋正彦監修（1986）、『日本史資料総覧』、東京書籍

【経済学・貨幣論】

・飯田泰之（2018）、「金融政策と財政政策の相互作用を巡って」、安達誠司・飯田泰之編著

『デフレと戦う――金融政策の有効性』、日本経済新聞出版社
・伊藤誠（１９８９）、『資本主義経済の理論』、岩波書店
・井上智洋（２０１６）、『ヘリコプターマネー』、日本経済新聞出版社
・岩井克人（１９９３）、『貨幣論』、筑摩書房
・小野善康（１９９２）、『貨幣経済の動学理論――ケインズの復権』、東京大学出版会
・グレーバー、デヴィッド（２０１６）、『負債論　貨幣と暴力の５０００年』、酒井隆史監訳、高祖岩三郎・佐々木夏子訳、以文社
・小島寛之（２０１９）、『暗号通貨の経済学　21世紀の貨幣論』、講談社選書メチエ
・フリードマン、ミルトン（１９９３）、『貨幣の悪戯《いたずら》』、斎藤精一郎訳、三田出版会
・ミンスキー、ハイマン（１９８９）、『金融不安定性の経済学』、吉野紀・内田和男・浅田統一郎訳、多賀出版
・Heartspring, William(2019), *Modern Monetary Economics for Mainstream Economists*, Amazon Service International, Inc.
・Mosler, Warren(2010), *The 7 Deadly Innocent Frauds of Economic Policy*, Valance Co Inc.
・Sims, C. A.(2016), "Fiscal Policy, Monetary Policy and Central Bank Independence," 2016 Economic Policy Symposium, Federal Reserve Bank of Kansas City.

〈著者略歴〉
飯田泰之（いいだ　やすゆき）
1975年生まれ。エコノミスト。明治大学政治経済学部准教授。東京大学経済学部卒業後、同大学院経済学研究科博士課程単位取得。内閣府規制改革推進会議委員を兼務。専攻はマクロ経済学、経済政策。
主な著書に、『経済学講義』（ちくま新書）、『新版　ダメな議論』（ちくま文庫）、『マクロ経済学の核心』（光文社新書）、『昭和恐慌の研究』（共著、東洋経済新報社）、『歴史が教えるマネーの理論』（ダイヤモンド社）などがある。

日本史に学ぶマネーの論理

2019年6月11日　第1版第1刷発行

著　者　飯田泰之
発行者　清水卓智
発行所　株式会社ＰＨＰエディターズ・グループ
〒135-0061　江東区豊洲5-6-52
☎03-6204-2931
http://www.peg.co.jp/

発売元　株式会社ＰＨＰ研究所
東京本部　〒135-8137　江東区豊洲5-6-52
普及部　☎03-3520-9630
京都本部　〒601-8411　京都市南区西九条北ノ内町11
PHP INTERFACE　https://www.php.co.jp/

印刷所
製本所　図書印刷株式会社

　ISBN978-4-569-84293-6

PHPエディターズ・グループの本

東大流　よみなおし日本史講義

山本博文　著

聖徳太子が天皇になれなかったワケ、浅野内匠頭の刃傷事件の原因とは……。東大流歴史的思考力で歴史の流れと事件の真相を学び直す。

定価　本体一、七〇〇円（税別）